STEPHEN FOX  JOSINA SCHNEIDER-BROEKMANS

# Taal vitaal op school 2

## NIEDERLÄNDISCH FÜR DIE SEKUNDARSTUFE I

Bearbeitung
ULLA BLOKKER
MARTIN MERTA
ELSINE WORTELEN
HUBERTUS WYNANDS

Hueber Verlag

Das *Taal vitaal*-Team

Konzeption und
 Verlagsredaktion: Stephen Fox
Lehrbuch: Josina Schneider-Broekmans
Arbeitsbuch: Hubertus Wynands

Hartelijk dank voor de medewerking:
Dick Broekmans, Annemarie Diestelmann,
Erik Mijnsberge, Arabella Seegers

Das *Taal vitaal op school*-Team

Fachliche Beratung: Dr. Veronika Wenzel
Projektleitung und
 fachliche Beratung: Angelika van der Kooi
Projektbeirat: Jutta Biesemann, Antje Brackmann, Katrin Konradt, Bettina Schutkowski, Ludwig Drüing, Hajo Oldermann

Het project wordt gesubsidieerd door de Europese Unie in het kader van het Communautaire Initiatief INTERREG-IIIA met middelen van het Europees Structuurfonds voor Regionale Ontwikkeling, alsmede van de Ministeries van Economische Zaken van de Duitse deelstaten Nordrhein-Westfalen en Niedersachsen en de Nederlandse Taalunie.

Das Projekt wird finanziell unterstützt durch die Europäische Union im Rahmen der Gemeinschaftsinitiative INTERREG-IIIA aus Mitteln des Europäischen Strukturfonds für Regionale Entwicklung, durch die Wirtschaftsministerien der Bundesländer Nordrhein-Westfalen und Niedersachsen sowie durch die „Nederlandse Taalunie".

**EUREGIO**

Der Verlag weist ausdrücklich darauf hin, dass im Text enthaltene externe Links vom Verlag nur bis zum Zeitpunkt der Buchveröffentlichung eingesehen werden konnten. Auf spätere Veränderungen hat der Verlag keinerlei Einfluss. Eine Haftung des Verlags ist daher ausgeschlossen.

Das Werk und seine Teile sind urheberrechtlich geschützt. Jede Verwertung in anderen als den gesetzlich zugelassenen Fällen bedarf deshalb der vorherigen schriftlichen Einwilligung des Verlags.

Eingetragene Warenzeichen oder Marken sind Eigentum des jeweiligen Zeichen- bzw. Markeninhabers, auch dann, wenn diese nicht gekennzeichnet sind. Es ist jedoch zu beachten, dass weder das Vorhandensein noch das Fehlen derartiger Kennzeichnungen die Rechtslage hinsichtlich dieser gewerblichen Schutzrechte berührt.

9.  8.  7.  | Die letzten Ziffern
2023 22 21 20 19 | bezeichnen Zahl und Jahr des Druckes.
Alle Drucke dieser Auflage können, da unverändert,
nebeneinander benutzt werden.
1. Auflage
© 2005 Hueber Verlag GmbH & Co. KG, 85737 Ismaning, Deutschland
Verlagskoordination: Beate Dorner, Hueber Verlag, Ismaning
Umschlaggestaltung: Martin Wittenburg, München; Birgit Winter, München
Herstellungskoordination: Astrid Hansen, Hueber Verlag, Ismaning
Illustrationen: Lyonn Redd
Gestaltung und Realisation: BuchHaus Robert Gigler GmbH, München; Birgit Winter, München
Druck und Bindung: Firmengruppe APPL, aprinta druck GmbH, Wemding
Printed in Germany
ISBN 978–3–19–005368–1

# Vorwort

*Taal vitaal op school* ist ein Niederländischkurs für Anfänger, der es ermöglichen soll, sich in den wichtigsten Alltagssituationen zu verständigen. Band 1 und 2 des Lehrwerks sind jeweils für ein Schuljahr konzipiert. Band 1 führt zu Stufe A1 und Band 2 zu Stufe A2 des Gemeinsamen Europäischen Referenzrahmens. In Band 2 finden die Bildungsstandards für die Fremdsprachen verstärkt Berücksichtigung.

*Taal vitaal op school 2* besteht aus Lehrbuch, Arbeitsbuch und einer CD, die sämtliche mit dem CD-Symbol gekennzeichneten Texte enthält.

Jede Lektion ist jeweils einem Thema gewidmet und umfasst sechs Abschnitte:

| | |
|---|---|
| **Basiswoorden** (Basiswörter) | Sie führen in das Hauptthema der Lektion ein. |
| **Aandacht voor** (Aufmerksamkeit für …) | Hier wird der Lernstoff der Lektion anhand eines Dialogs oder Textes eingeführt. |
| **Een stapje verder** (Ein Schritt weiter) | In diesem Abschnitt wird der eingeführte Lernstoff vertieft und geübt. |
| **Extra** (Extra) | Hier wird das Lektionsthema erweitert. |
| **Anderland** | Unter dieser Rubrik findest du landeskundliche Informationen in größtenteils authentischen Lesetexten. |
| **Samenvatting** (Zusammenfassung) | Sie bietet einen Überblick über die eingeführte Grammatik und die Sprechintentionen. |

Da das Lehrbuch einen Rahmen für einen kommunikativen Unterricht bieten möchte, befinden sich sämtliche Grammatikerklärungen im Arbeitsbuch. Im Lehrbuch wird, wo es sinnvoll für die Kommunikation ist, Hilfestellung in Form von Hinweisen mit dem Begriff "Let op!" geboten.

Folgende Symbole dienen der Orientierung innerhalb einer Lektion:

Dieses Symbol am Rande weist auf eine Übung hin, die entweder in Partner- oder Gruppenarbeit gemacht wird. Solche Übungen bieten die Gelegenheit, zu zweit bzw. in einer kleinen Gruppe die eingeführten Sprechintentionen auszuprobieren und dabei die anderen Mitschüler (*medeleerlingen*) kennen zu lernen.

Dieses Symbol weist darauf hin, dass sich der entsprechende Text auf CD befindet. Die Zahl neben dem Symbol gibt den Track auf der CD an.

Dieses Symbol weist auf eine Hörverständnisübung hin. Bei diesen Übungen wird von dir keinesfalls erwartet, dass du alles verstehst, sondern dass du die gestellte Aufgabe löst. Wenn Fragen zum Hörtext gehören, lies sie vor dem Hören, damit du vorab weißt, worum es geht.

Dieses Symbol weist auf eine Schreibübung hin. Achte auf die Form, in der die Übung gemacht werden soll.

Dieses Symbol weist auf eine Gelegenheit hin, deinen eigenen Wortschatz anzulegen, denn hier bestimmst du, welche Vokabeln du noch lernen möchtest. Du kannst dabei ein Wörterbuch zu Rate ziehen, dich an die Lehrerin/den Lehrer wenden oder dich mit anderen Mitschülern austauschen.

Nun möchten wir dir *veel plezier en succes* mit *Taal vitaal op school* wünschen!

Dein *Taal vitaal op school*-Team

# Inhalt Band 2

| Lektion | | Themen |
|---|---|---|
| 1 **Wie is er aan de beurt?** | Seite 6 – 15 | Geschäfte und Einkauf; ein niederländischer Künstler; gesundes Essen; Sparmarken und Kundenkarten |
| 2 **Bij ons thuis** | Seite 16 – 23 | die Wohnung/das Haus; (Wochenend-)Beschäftigungen |
| 3 **Toen was het zo gezellig** | Seite 24 – 33 | die Einrichtung; auf Klassenfahrt; das Wetter, der Wetterbericht; Wohnen in den Niederlanden |
| 4 **Ik zit net te denken ...** | Seite 34 – 41 | nicht alltägliche Aktivitäten; eine Party; Horoskope; die niederländischen Feiertage |
| 5 **Eten uit en thuis** | Seite 42 – 49 | Essen und Trinken, der gedeckte Tisch, Restaurantbesuch; Speisekarte; niederländische Rezepte; |
| 6 **Kan ik je helpen?** | Seite 50 – 59 | Kleidung, Einkaufen; Amsterdam; Reklametexte; der Körper; Jan, Jans en de kinderen |
| 7 **Ik zou graag ...** | Seite 60 – 69 | die Ausstattung einer Ferienwohnung; Ferienaktivitäten; Reiseattribute und -vorbereitung Reservierungen; die Watteninsel |
| 8 **Ons dagelijks nieuws** | Seite 70 – 77 | Zeitungen u. Zeitschriften; Nachrichten; Lesegewohnheiten; Kontaktanzeigen |
| 9 **Ik ben erg verkouden!** | Seite 78 – 83 | gesundheitliche Beschwerden; ein Arztbesuch; Absage; Verabredung; Teenagermütter |
| 10 **Nederland en de wereld** | Seite 84 – 91 | Länder und Produkte; koloniale Vergangenheit; chinesisch/indonesisches Essen; Literatur; multikulturelle Gesellschaft |
| **Arbeitsanweisungen und Wörterverzeichnis nach Lektionen** | Seite 94 – 111 | |
| **Alphabetisches Wörterverzeichnis** | Seite 112 – 118 | |

# Inhalt Band 2

| Sprechintentionen | Grammatik |
|---|---|
| sagen, was man möchte | unbestimmte Zahlwörter; Wortfolge |
| etwas beurteilen; Verabredungen treffen; über Pläne sprechen; über das sprechen, das gerade geschieht; jemanden einladen; vergleichen | das Futur mit der Präsensform und mit *gaan* + Infinitiv; adverbiale Bestimmungen (Zeit); *aan het* + Infinitiv; Steigerung von Adjektiven (1) |
| über Vergangenes sprechen; Vergleiche anstellen; über das Wetter sprechen | das Imperfekt; die Konjunktion *toen* |
| Notwendigkeit ausdrücken; Konsens finden; Ablehnung begründen; einen Termin vereinbaren | *staan/zitten/liggen/lopen te* + Infinitiv; *hoeven* (*niet*); Nebensätze |
| Vorschläge machen; bestellen und bezahlen (2); über sein Wohlbefinden sprechen; sagen, was man möchte; sich etwas erklären lassen | die Relativpronomen; *met z'n tweeën/…* |
| Kleidung beschreiben; ein Einkaufsgespräch führen; sagen, was einem gefällt oder nicht gefällt | Stoffadjektive; die Steigerung von Adjektiven (2); *iets* + Adjektiv + *s* |
| sagen, was man benötigt; schriftlich/telefonisch Informationen einholen; Termine und Reservierungen machen | der Konjunktiv; Wortfolge bei doppeltem Infinitiv |
| Nachrichten wiedergeben; über Lesegewohnheiten Auskunft geben; | das Passiv (Präsens, Imperfekt, Perfekt und Zukunft) |
| einen Termin vereinbaren; sagen, was einem fehlt; sich etwas erklären lassen | die Wortfolge nach den Konjunktionen *omdat/want* und *daarom* |
| Zusammenhänge darstellen; über Gewohnheiten berichten; einen Text bzw. eine Geschichte (nach-)erzählen | Ländernamen; die männl. u. weibl. Formen von Nationalitäten |

# Wie is er aan de beurt?
## Basiswoorden: boodschappen doen

### 1  Wat hoort bij elkaar?

het halfje wit • de krant • de peren • de ansichtkaarten • de perziken • de postzegels
de komkommer • de telefoonkaart • de lipstick • het gehakt • de aspirine
de broodjes • het tijdschrift • de vleeswaren • de strippenkaart • de wortels • de tandpasta
de kalkoen • de taart • de enveloppen • de zeep • de sla

### 2  Wat koop je waar?

Bijna alles hierboven kun je op de markt of in een supermarkt kopen.
Waar kun je de bovenstaande dingen ook nog vinden?

| bij de bakker | bij de slager | bij de groenteboer | in de boekwinkel | op het postkantoor | bij de drogist |
|---|---|---|---|---|---|

### 3  Wat kun je er nog meer kopen?

het wasmiddel  ...

# Aandacht voor: boodschappen doen

 **4  En jij?**

Wie doet de boodschappen waar en waarom? Vraag het aan een medeleerling.

→ *Wie doet bij jullie thuis de boodschappen?*
  *– Ik haal/ Mijn vader haalt/ .... meestal het brood.*

→ *Waar kopen jullie brood?*
  *– Wij kopen ons brood meestal in de supermarkt,*
    *omdat veel dingen daar goedkoper zijn.*

→ *Waar kopen jullie vleeswaren?*
  *– Wij kopen onze vleeswaren bij…*

 **5  Luister.** 1

a) Waar vinden de volgende gesprekken plaats?

b) Luister nog een keer en schrijf op wat de klanten kopen en hoeveel ze moeten betalen.

|  | dat kopen ze | dat moeten ze betalen |
|---|---|---|
| dialoog 1: | … | … |
| dialoog 2: | … | … |

7  zeven

# Aandacht voor: boodschappen doen

###  6 Dialoog: Op het postkantoor.  2

| | |
|---|---|
| klant 1: | Momentje, je moet eerst een nummertje trekken. Anders moet je wel heel erg lang wachten! |
| klant 2: | O dank u, dat wist ik niet! Dat zal ik dan maar snel doen. … O, nummer zesentachtig; nou, dan ben ik aan de beurt. |
| klant 2: | Goedemiddag. Een briefkaart en drie postzegels. En ik heb hier ook nog een pakje dat naar Amerika moet. Hoeveel moet erop? |
| medewerkster: | Sorry jongeman, voor pakjes moet je aan het loket hiernaast zijn. |
| klant 2: | Jeetje, moet ik dan nog een keer wachten? |
| medewerkster: | Inderdaad. Boven het loket staat toch precies waar je moet zijn! |
| klant 2: | Nou, vooruit dan maar. En deze brief, komt die morgen al aan? |
| medewerkster: | Ik denk het wel! Was het dat voor jou? |
| klant 2: | Ja, dank u. |
| medewerkster: | Dat is dan een euro vijfenveertig. |

###  7 Dialoog: Bij de kaasboer.  3

| | |
|---|---|
| verkoopster: | Wie is er aan de beurt? |
| klant: | Ik. Een stuk belegen Goudse, alstublieft. Die is toch in de aanbieding? |
| verkoopster: | Nee hoor, er zijn wel enkele andere soorten in de aanbieding. Bijvoorbeeld de oude boerenkaas. Wilt u even proeven? |
| klant: | Nou, graag. … Goh, die is lekker pittig. Wat kost die? |
| verkoopster: | Zeven euro per kilo. |
| klant: | Prima, doet u maar een pond. |
| verkoopster: | Mag het iets meer zijn? Dit stuk weegt vijfhonderdvijftig gram. |
| klant: | Ja, dat is goed en een stukje brie. Doet u maar dit stukje hier. Dat is wel genoeg voor mij. |
| verkoopster: | Anders nog iets? |
| klant: | Nee, dank u wel. |

| | | |
|---|---|---|
| 1 ons | = | 100 gram |
| 1 half pond | = | 250 gram |
| 1 pond | = | 500 gram |
| anderhalf pond | = | 750 gram |
| 1 kilo | = | 1000 gram |

# Aandacht voor: boodschappen doen

 **8** **Dialoog: Bij de groenteboer.**

| | |
|---|---|
| groenteboer: | Zegt u het maar mevrouw! |
| klant: | Eens kijken, twee kilo appels graag, maar niet zo veel van die hele grote. |
| groenteboer: | Kijkt u eens, allemaal kleintjes. Anders nog iets? We hebben vandaag tomaten en snijbonen in de aanbieding. |
| klant: | Nou, doet u dan maar een pond van die snijbonen en vier tomaten. |
| groenteboer: | Anders nog iets, mevrouw? |
| klant: | Zijn die perziken rijp? Sommige van deze hier lijken een beetje hard. |
| groenteboer: | Nee hoor, kijkt u maar. Ze zijn heerlijk. |
| klant: | Goed, dan neem ik daar een pond van en dan nog een komkommer. |
| groenteboer: | Dat was het? |
| klant: | Ja hoor, dat was het. |
| groenteboer: | Oké, dat is dan zes euro bij elkaar! Oh jee, heeft u het niet kleiner? |
| klant: | Nee, het spijt me. Ik heb helemaal geen kleingeld. |
| groenteboer: | Even kijken, dan wordt het zo tien, twintig, dertig, en twintig, maakt vijftig – en bedankt, hè. Daaag! |
| klant: | Tot volgende week! |

 **9** **Dialoog: Bij de bakker.**

| | |
|---|---|
| verkoopster: | Wordt u al geholpen, mevrouw? |
| klant: | Nee, maar ik geloof dat ik nu aan de beurt ben. |
| verkoopster: | Zegt u het maar, mevrouw. |
| klant: | Vier broodjes en een halfje wit, alstublieft. |
| verkoopster: | Gesneden, mevrouw? |
| klant: | Ja, graag. |
| verkoopster: | Anders nog iets? |
| klant: | Ja, geeft u maar twee van deze taartpunten en twee ons roomboterkoekjes. Oh, die koekjes dat lijkt me een beetje weinig. Doet u toch maar drie ons. |
| verkoopster: | Zo, alstublieft. Dat wordt dan zeven euro vijfendertig bij elkaar. |
| klant: | Alstublieft. Kijkt u eens. Ik heb het toevallig gepast. |
| verkoopster: | Bedankt en tot ziens. |

**Let op!**

| | |
|---|---|
| enkele | |
| enige | dingen |
| veel/weinig | |
| sommige | |

**Les 1**

 **10** Schrijf typische uitdrukkingen uit de dialogen op.

| verkoopster/verkoper | klant |
|---|---|
| Zegt u het maar... | Eens kijken... |

# Een stapje verder

 **11  Wij geven een feestje!**

Wat hebben we nog allemaal nodig? Wie neemt wat mee?

leerling 1:  Ik ga naar de bakker en koop stokbrood.
leerling 2:  ... gaat naar de bakker en koopt stokbrood en ik ga naar de slager en koop gehakt voor gehaktballetjes.
leerling 3:  ... gaat naar de bakker en koopt stokbrood, ... gaat naar de slager en koopt gehakt voor gehaktballetjes en ik ga naar de supermarkt en haal frisdrank.
...

 **12  Waar zit het in?**

zakje    pot    beker    fles    pakje    blikje    literpak    tube

| melk | frisdrank | vla | aardappelen | sinaasappelsap | cassis | broodjes |
| wasmiddel | drop | jam | tandpasta | boter | tonijn | mosterd | spa |
| yoghurt | mayonaise | soep | koffie | chocolademelk | honing | frites |
| ... | | | | | | |

➜ *Drop zit in een ...*
*Jam koop je in een ...*
*Meestal zit ...*

10 tien

# Een stapje verder

**13**  **Luister.**

Je hoort klanten bij de slager, in een boekwinkel, en bij de drogist.
Schrijf de lijst over en vul in.

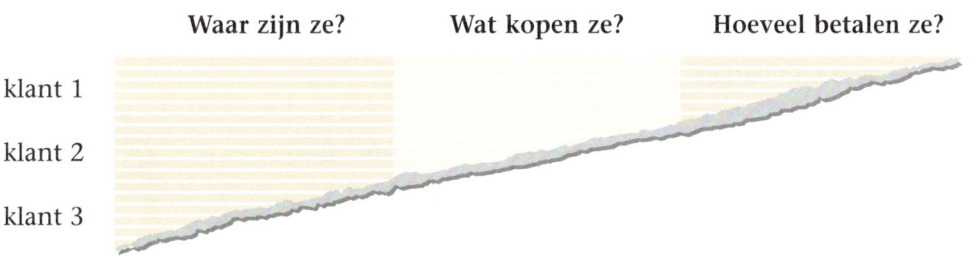

|  | Waar zijn ze? | Wat kopen ze? | Hoeveel betalen ze? |
|---|---|---|---|
| klant 1 |  |  |  |
| klant 2 |  |  |  |
| klant 3 |  |  |  |

**14**  **Zoek samen de verschillen.**

**Partner A:** Kijk op deze pagina.
**Partner B:** Kijk op pagina 92.

**Partner A:** Je ziet hier een aantal levensmiddelen op de tekening. Op de tekening van je partner staan ook levensmiddelen, maar niet allemaal dezelfde. Probeer door vragen te stellen te weten te komen hoeveel verschillen er zijn.
Formuleer vragen op deze manier:

➔ *Heb je twee bananen op jouw plaatje?*
  *– Ja, inderdaad. / Nee, ik heb geen bananen. Heb je …?*

**15** **Bedenk en speel de scène.**

Je bent jarig. Overleg met een medeleerling welke boodschappen er voor het verjaardagsfeestje in huis gehaald moeten worden. Eén gaat dan met het boodschappenlijstje boodschappen doen, de andere is de winkelier.

**11** elf

# Extra: Herman van Veen

**16** Herman van Veen

**een man, een gebaar, een lied**

Herman van Veen, geboren in Utrecht op 14 maart 1945. Zanger en schrijver van liedjes, sprookjes en vertellingen. Groeide op als enige jongen in een arbeidersgezin. Studeerde viool, zang en muziekpedagogie aan het Utrechts Conservatorium. Maakte in 1965 zijn theaterdebuut met het muzikaal clowneske soloprogramma *Harlekijn*. Reist sindsdien de wereld rond. Speelt zijn voorstellingen in vier talen.

Zijn eerste bundeltje met verzen en verhalen werd in 1969 gepubliceerd, het eerste boekje van zijn beroemdste geesteskind *Alfred Jodocus Kwak* werd in 1979 uitgegeven en is inmiddels in twintig talen vertaald. Van zijn hand verschenen tot op heden 132 cd's, 6 dvd's, een zestigtal boeken en tientallen scenario's voor onder meer de speelfilms *Uit elkaar*, *Nachtvlinder* en voor de muziektheatervoorstelling *The First Lady*.

meer informatie onder: www.hermanvanveen.com

**17 Luister.** 7

**Herman van Veen: Bestellied**

zes ons kaas, een pond radijs en tien vanille ijs
drie keer tong, vijf kroppen sla, tien repen chocola

een tube mayonaise en een heel grof brood
zestien maggieblokjes en een botervloot

een kwart liter slagroom en een flesje vla
zeven kilo aardappels en een kropje sla

kauwgom, biefstuk, bloemkool, de nieuwe asterix,
één pak hagelslag, stilte en verder nix...

**18 Schrijf nu zelf een "bestellied".**

# Extra: gezond eten

**19** Lees de volgende informatie.

| TABEL 1 | 4 groepen van voedingsmiddelen die we dagelijks nodig hebben |
|---|---|
| Noodzakelijke voedingsmiddelen: | Onmisbaar voor o.a.: |
| GROEP 1: Brood en aardappelen (of rijst, macaroni, peulvruchten). | Zetmeel, eiwit, voedingsvezel, vitamines en mineralen. |
| GROEP 2: Groente en fruit. | Vitamine C en voedingsvezel. |
| GROEP 3: Melk, kaas (of andere melkproducten) en vlees, vleeswaren, kip, vis, ei of tahoe. | Eiwitten, vitamines, kalk en ijzer. |
| GROEP 4: Margarine, halvarine of olie. | Vetten en vitamines. |

En zorg ervoor dat u dagelijks ten minste 1½ liter drinkt!

**20** En jij?

Eet je gezond? Lees de volgende lijst en vraag het dan aan je buurvrouw/-man.

| TABEL 5 | AANBEVOLEN HOEVEELHEDEN VOEDINGSMIDDELEN PER DAG | | |
|---|---|---|---|
| | kinderen (4 - 12) | tieners (12 - 20) | volwassenen |
| brood | 3 - 5 sneetjes | 5 - 8 sneetjes | 5 - 7 sneetjes |
| aardappelen | 1 - 4 stuks (50 - 200 gram) | 4 - 6 stuks (200 - 300 gram) | 3 - 5 stuks (150 - 250 gram) |
| groente | 2 - 3 groentelepels (100 - 150 gram) | 3 - 4 groentelepels (150 - 200 gram) | 3 - 4 groentelepels (150 - 200 gram) |
| fruit | 1 - 2 vruchten (100 - 200 gram) | 2 vruchten (200 gram) | 2 vruchten (200 gram) |
| melk en melkproducten | 2 - 3 glazen (300 - 450 ml) | 2 - 3 glazen (300 - 450 ml) | 2 - 3 glazen (300 - 450 ml) |
| kaas | ½ - 1 plak (10 - 20 gram) | 1 - 2 plakken (20 - 40 gram) | 1 - 2 plakken (20 - 40 gram) |
| vlees, vis, kip, ei, tahoe en tempé | 65 - 100 gram rauw (50 - 75 gram gaar) | 100 gram rauw (75 gram gaar) | 100 gram rauw (75 gram gaar) |
| vleeswaar | ½ - 1 plakje (10 - 15 gram) | 1 - 2 plakjes (15 - 30 gram) | 1 - 2 plakjes (15 - 30 gram) |
| halvarine op brood | 5 gram per sneetje brood | 5 gram per sneetje brood | 5 gram per sneetje brood |
| margarine voor de bereiding | 15 gram | 15 gram | 15 gram |
| vocht | 1 ½ liter | 1 ½ liter | 1 ½ liter |

# *Ander*land

Heeft u zich ook wel eens afgevraagd wat het betekent, als de caissière vraagt: "Spaart u zegels?"

Wat voor zegels dit zijn? Geen postzegels, maar spaarzegels. De Nederlandse consument is dol op aanbiedingen en voordeeltjes, bijvoorbeeld in de vorm van zegeltjes, airmiles, kristalzegels, spaarpunten op elk pak koffie, thee of waspoeder.

Bij de airmiles bijvoorbeeld krijg je voor een bepaald besteed bedrag steeds één gratis airmile. En je begrijpt wel, dat als je dan maar lang genoeg spaart, je ooit misschien eens een gratis vliegreis naar New York kunt maken. Voor een retourtje Londen moet je bijvoorbeeld al 600 airmiles hebben. Dat komt overeen met misschien wel 500 keer boodschappen doen ...

Voor de oorlog bestonden er al zegelacties, maar de echte rage begon pas na die tijd. Elk extraatje dat je voor een volle spaarkaart kreeg, was meegenomen. Sinds 1980 krijg je ook bij het tanken zegeltjes. Die kan je dan weer inruilen voor kleine dingetjes die eigenlijk iedereen al heeft.

De nieuwste actie is de bonuskaart waarmee je direct extra korting op sommige producten aan de kassa kunt krijgen. Maar niet iedereen doet daaraan mee. Er zijn genoeg mensen die op de vraag of ze zegels of airmiles sparen steevast antwoorden: "Ik wil alleen maar betalen, aan al die spaaracties doe ik niet mee."

# Samenvatting

## Grammatica

### onbepaalde aantallen

| enkele | |
| enige | |
| veel/weinig | dingen |
| sommige | |

Er zijn wel **enkele** andere (soorten) in de aanbieding.
Maar niet zo **veel** van die hele grote.
**Sommige** van deze perziken lijken een beetje hard.
Oh, die koekjes dat lijkt me een beetje **weinig**.

### pronomina

...een stuk belegen Goudse... – **Die** is toch in de aanbieding
Zijn **die** perziken rijp?
Geeft u maar twee van **deze** taartpunten.
Doet u maar **dit** stukje hier. **Dat** is wel genoeg voor mij.

## Uitdrukkingen

Mevrouw/Meneer ...
Sorry mevrouw/meneer ...
Wie is er aan de beurt?
Wordt u al geholpen?
Zegt u/Zeg het maar!
Die is lekker pittig.
Dat was het, mevrouw/meneer?
Anders nog iets?
Dat is/wordt dan ... (bij elkaar).
Heeft u het misschien gepast?
Heeft u het niet kleiner?

Dat wist ik niet.
Dat zal ik maar snel doen.
Hoeveel moet erop?
Ik geloof dat ik nu aan de beurt ben.
Doe/Doet u maar een pondje.
Wat kost die/dat?
Geeft u maar twee van ...
Het spijt me.
Ik heb helaas geen kleingeld.
Ik heb het toevallig gepast.

# Bij ons thuis
## Basiswoorden: de woning

**Welke foto past bij welke omschrijving?**

1

2

3

4

5

6

| | |
|---|---|
| de flat | gebouw met veel etages, ook wel een woning in zo'n (flat)gebouw, bijv. een 3-kamerwoning |
| het vrijstaande huis | een huis met één of meer verdiepingen en een tuin eromheen, meestal voor één gezin |
| het rijtjeshuis | een huis met 2 gemeenschappelijke muren met de buren, niet vrijstaand |
| twee-onder-één-kap | twee huizen aaneengebouwd met een doorlopend dak |
| de woonboot | een tot woning omgebouwde boot, bijvoorbeeld in de grachten van Amsterdam |
| de boerderij | vrijstaand huis op het platteland met stallen en schuren |

## Basiswoorden: de woning

 **2**  De kamers van het huis.

> de keuken  de slaapkamer  de kinderkamer  de gang  de woonkamer
> de badkamer  het balkon  de wc/ het toilet  de logeerkamer/werkkamer

Vertel, wat je daar kunt doen.

> eten  spelen  koken  je handen wassen  binnenkomen  lezen  zitten
> je kleren ophangen  naar het toilet gaan  knutselen  naar muziek luisteren
> tv kijken  computeren  afwassen  slapen  luieren  drinken

➡ *In de keuken kun je koken en eten. ...*

 **3**  Luister. 🔊 10

Frans en Marijke gaan verhuizen. Ze praten over een nieuwe flat.
Schrijf de lijst over en vul in wat ze zeggen.

|  | groot/klein | licht/donker | rustig/lawaaierig | gezellig/ongezellig |
|---|---|---|---|---|
| woonkamer |  |  |  |  |
| slaapkamer |  |  |  |  |
| badkamer |  |  |  |  |
| keuken |  |  |  |  |

Is er een balkon/een lift/een garage?
Is de woning duur of goedkoop?

➡ *De woonkamer is groot, gezellig maar nogal donker.*

# Aandacht voor: plannen maken

 **4** Dialoog: Een uitnodiging.  11

Marijke: Met Marijke de Visser.
Connie: Hoi, Marijke, ik ben't, Connie. Hoe is het?
Marijke: O, hou op, ik heb het hartstikke druk!
Connie: Waarom, wat ben je dan aan het doen?
Marijke: Ik ben mijn koffer aan het pakken.
Connie: Aan het pakken? Wat ben je van plan? Ga je verhuizen?
Marijke: Nee, niet echt, morgen gaan we naar Amsterdam en over twee weken krijg ik een nieuwe kamer.
Connie: Je krijgt een nieuwe kamer in Amsterdam?
Marijke: Nee, we gaan op schoolreis naar Amsterdam.
Connie: En waarom krijg je een nieuwe kamer?
Marijke: Mijn zus gaat in Leiden studeren en ik krijg haar kamer. Die is wel een verdieping hoger, maar groter en lichter.
Connie: Wat leuk! Dan wordt je kamer mooier. Maar waarvoor ik eigenlijk bel: kom je vanavond een hapje mee-eten? Anneke en ik gaan pizza bakken.
Marijke: Hm, lekker, maar ik kan jammer genoeg niet. Ik moet mijn zus met schilderen helpen. Volgende week misschien?
Connie: Jammer! Maar volgende week is ook goed - en veel plezier in Amsterdam!
Marijke: Ja, bedankt! Doe de groetjes aan Anneke! En tot ziens hè!
Connie: Doe ik! Doei!

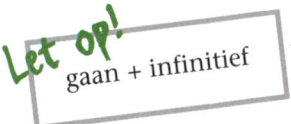
*Let op!* gaan + infinitief

 **5** Wanneer?

> morgen ⊙ vanavond ⊙ over twee weken ⊙ volgende week

… gaat Marijke op schoolreis naar Amsterdam.
… gaan Connie en Anneke pizza bakken.
… gaat Marijke met Connie eten.
… gaat Marijke in de kamer van haar zus wonen.

  **6** Waar of niet waar?

Schrijf vijf zinnen op over het telefoongesprek tussen Marijke en Connie.
Een medeleerling zegt of deze zinnen waar zijn of niet.

➡ *Marijke gaat volgende week naar Brussel.*
– *Ja, dat is waar. / Nee, dat is niet waar.*

# Aandacht voor: plannen maken

### 7 En jij?

Wat ga je vandaag na school doen of wat juist niet?
Schrijf een paar dingen op en vraag het dan aan een medeleerling.

> *Nou, ik ga misschien …*
> *Ik ga niet …*

### 8 Zoek iemand die dit weekend …

Schrijf op wie wat doet.

| | |
|---|---|
| … op visite gaat. | … tennissen gaat. |
| … boodschappen gaat doen. | … zwemmen gaat. |
| … naar de bioscoop gaat. | … voetballen gaat. |
| … vrienden gaat helpen. | … vrienden gaat ontmoeten. |
| … naar een feest gaat. | … paard gaat rijden. |
| … naar een andere stad gaat. | … z'n kamer gaat opruimen. |
| … uiteten gaat. | … eten gaat koken. |
| … fietsen gaat. | … skaten gaat. |

> *Ga je dit weekend op visite?*
> *Ja, inderdaad. / Nee, hoor.*

### 9 Vertel het aan de klas.

> Dit weekend   gaat Julia naar haar vriendin toe.
> gaat iedereen, behalve Jens, boodschappen doen.
> ga ik naar de bioscoop.
> gaat Bianca vrienden helpen.
> gaat niemand naar een feest.
> gaat Melanie naar Brugge en Niklas naar Arnhem.
> gaat Fabian met vrienden uit eten.
> …

Les 2

# Een stapje verder

  **10  Luister.**  12

Lees eerst de volgende zinnen.

| | |
|---|---|
| Iemand is aan het koken. | Iemand is aan het pianospelen. |
| Iemand is aan het zingen. | Iemand is aan het douchen. |
| Iemand is aan het telefoneren. | Iemand is aan het timmeren. |
| Iemand is aan het stofzuigen. | Iemand is aan het zagen. |

➔ *In situatie 1 is iemand aan het …*

Let op!
aan + het + infinitief

**11  Wat zijn ze aan het doen?**

➔ *Op foto 1 is een jongen aan het …*

  **12  Wat doe ik nu?**

a) Beeld een activiteit uit.
De medeleerlingen moeten raden wat je aan het doen bent.

➔ *Ben je misschien aan het zwemmen?*
  *– Ja, dat klopt! / Nee, dat is het niet!*

b) Beeld nu samen met een partner een activiteit uit.
De medeleerlingen moeten raden wat jullie aan het doen zijn.

➔ *Zijn jullie misschien aan het tennissen?*
  *– Ja, dat klopt! / Nee, dat is het niet!*

## Extra: vergelijken

 13

| oud | ⇒ | ouder | goed | ⇒ | beter |
|---|---|---|---|---|---|
| mooi | ⇒ | mooier | veel | ⇒ | meer |
| groot | ⇒ | groter | weinig | ⇒ | minder |
| duur | ⇒ | duurder | | | |

Een vrijstaand huis is meestal groter dan een woonboot.
Marijkes kamer is groter en lichter.

**14** Wat is welke kamer? Vergelijk deze woning met jouw woning/huis.

→ *Deze woning is kleiner dan onze.*
*De woonkamer is groter dan onze.*

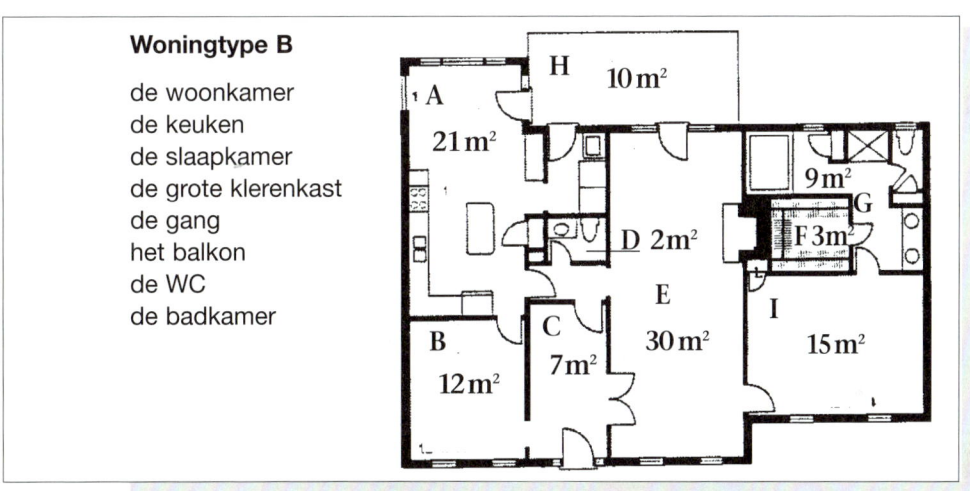

Woningtype B
- de woonkamer
- de keuken
- de slaapkamer
- de grote klerenkast
- de gang
- het balkon
- de WC
- de badkamer

Les 2

**15** Je droomhuis/-woning.

Teken je droomhuis en stel dan een medeleerling vragen over zijn/haar droomhuis/-woning en schrijf de antwoorden op.

→ *Hoeveel kamers heeft je woning/huis?*
*Wie wonen er allemaal?*
*Woon je in de stad of op het platteland?*
*Woon je boven of beneden? Op welke verdieping?*
*Is er een balkon/tuin/fietsschuur/kelder/zolder/sauna/terras/open haard?*
*Hoeveel badkamers zijn er?*

**16** Vertel het aan de klas.

→ *Martin heeft een droomhuis/-woning met ... kamers.*
*Die is groter dan zijn oude woning maar heeft geen balkon.*
*Hij woont nu in het centrum. ...*

21  eenentwintig

# *Ander*land

## Vaders

1   De vader zegt: wat ga je doen?
    De dochter zegt: 'k ga rijen.
    De vader zegt: met wie, met Koen?
    Gaan jullie met z'n beien?
5   De dochter zegt: jawel, allicht,
    en dan houdt Paps z'n wafel dicht.
    Daar gaat ze dan, ze zegt: so long,
    en Paps bijt liever op zijn tong
    dan nog te vragen hoe of waar.
10  Het lieve kind is zestien jaar,
    ze heeft gezegd wat ze gaat doen.
    Ze gaat op 't scootertje met Koen,
    maar vader denkt: wat gaan ze DOEN?

    De vader zegt: waar ga je heen?
15  De dochter zegt: kamperen.
    De vader zegt: met Koen alleen?
    En in die malle kleren?
    De dochter zegt: met Jan. Salu!
    Ze gaat. En daar zit vader nu.
20  Ze heeft gezegd wat ze gaat doen,
    ze gaat kamperen, niet met Koen.
    Ze gaat kamperen met haar Jan.
    En vader denkt: wat DOEN ze dan?

    Zo zitten al die duizend pa's
25  zich zwijgend op te vreten.
    Helaas helaas, helaas helaas,
    zij zullen het niet weten.
    Wat doet mijn dochter op de plas?
    Jawel, ik weet, ze zeilt met Bas.
30  Wat doet mijn dochter nu vandaag-
    Ze danst met Leo in Den Haag.
    Zij zwemt met Dick, ze roeit met Piet,
    maar wat ze DOEN, dat weet Paps niet.

                    Annie M. G. Schmidt

# Samenvatting

### Grammatica

**futurum** — *met presens en adverbium*

Morgen vliegen we naar Parijs.

| Ik | ga | |
|---|---|---|
| Je/Jij | | Ga jij ook studeren? |
| U | | *met gaan + infinitief* |
| Hij / Ze/Zij | gaat | *(een vaste beslissing)* |
| Het | | |
| | | studeren. |
| We/Wij | | |
| Jullie | gaan | |
| Ze/Zij | | |

**adverbiale bepalingen**

morgen  vanavond  over twee weken  volgende week

**presens met** *aan het + infinitief*

Ze is **aan het** tennissen.
We zijn **aan het** schilderen.

**comparatief van adjectieven**

Marijkes nieuwe kamer is groter dan haar oude.
Ons huis is net zo groot als dat van Bianca.

### Uitdrukkingen

Ik heb het (hartstikke) druk!

Wat ben je van plan?

Zijn ze aan het schilderen?

Over twee weken ga ik studeren.
– Wat leuk!

Kom je vanavond een hapje mee-eten?
– Graag, maar we kunnen jammer genoeg niet.
– Jammer! Maar volgende week is ook goed – en veel plezier!

op visite gaan
naar iemand toe gaan

Wat ben je aan het doen?

# Toen was het zo gezellig

Basiswoorden: meubels

**1** Wat hoort bij elkaar?

het bijzettafeltje

de lamp · de boekenkast · de bank · het bureau · de makkelijke stoel / de fauteuil
de kast · de tafel · het vloerkleed · de stoel · het bed · het bijzettafeltje
de bureaustoel · de stereo-installatie · de computer · de tv

# Aandacht voor: bij ons thuis

 **Welke andere meubels horen er nog bij?**

a) Denk aan de verschillende kamers in een huis.
b) Beschrijf jouw kamer.
   Mijn kamer is …
   In mijn kamer staat/hangt/ligt …

 **Luister.**  14

Anneke vertelt hoe ze woonde toen ze klein was.
Luister eerst, vertel het dan aan de klas.

| | | |
|---|---|---|
| 1. Waar woonde Anneke? | in een grote stad | |
| | op het platteland | |
| 2. Woonde Anneke in een huis of in een flat? | huis | |
| | flat | |
| 3. Met z'n hoevelen waren ze thuis? | met z'n drieën | |
| | met z'n vieren | |
| 4. Hoe was haar kamer? | groot | klein |
| | licht | donker |
| | gezellig | ongezellig |
| 5. Wat stond er allemaal in haar kamer? | een bed | |
| | een kast | |
| | een nachtkastje | |
| | een lamp | |
| | een bureau | |
| | een stoel | |
| 6. Wat deed Anneke altijd in haar kamer? | Ze luisterde naar muziek. | |
| | Ze maakte haar huiswerk. | |
| | Ze schreef in haar dagboek. | |
| 7. Wat mocht ze niet op haar kamer doen? | eten | |
| | met haar vriendinnen spelen | |

Les 3

➡ *Anneke woonde …*

25  vijfentwintig

# Aandacht voor: Toen was het zo gezellig

 **Onze schoolreis.**

**Melanie vertelt:** Vorig jaar kregen wij, de tweede klas van de MAVO Groningen, de gelegenheid om twee weken door ons land en door Vlaanderen te reizen. Het begon met een zeiltocht op het IJsselmeer. De eerste dag zeilden we van Lemmer naar het noorden in richting Waddenzee. 's Avonds kookten we in de kleine keuken en aten op de boot. Het was wel erg gezellig, maar je moest wel even wennen aan de smalle bedden en de badkamer, waarin je je haast niet kon draaien. Een kast voor je kleren was er natuurlijk ook niet. Na een nacht in de haven van Terschelling ging het met de bus over de Afsluitdijk terug. We hadden dan een hele dag vrij en leerden het IJsselmeerstadje Enkhuizen kennen. Daarna ging het verder naar Amsterdam. Hier bezochten wij het Anne Frank Huis en het Rijksmuseum. Ook een grachtenrondvaart stond op het programma. Maar naar een koffieshop mochten we niet. We sliepen in de jeugdherberg 'stay okay' in grote slaapzalen en moesten wel op tijd naar bed, maar slapen konden we nog lang niet.

Het weer was prachtig. Daarom ging onze reis nu naar het strand van Scheveningen en naar Den Haag. We bezochten het Prinsenhof en – ongelofelijk – ineens kwam een lange rij dikke auto's en wie stapten uit? Koningin Beatrix en haar zoon Willem Alexander. We zagen ze van heel dichtbij. Dan reden we verder naar het zuiden. In Zeeland bekeken we de beroemde Deltawerken, een groot sluizencomplex dat men bouwde na de overstroming in 1953. Vervolgens bezochten we Het Zwin, een vogelreservaat aan de Belgische kust in de buurt van Knokke waar we ook bleven slapen. De volgende ochtend gingen we in Middelkerke Bad eerst naar het stripfestival en daarna naar het strand, het was gewoon prachtig. En dan de lekkere Belgische friet. Bijna op elke hoek zie je een frietkot.

Onze rondreis ging nu verder naar het oosten van Nederland, naar Enschede in de provincie Overijssel. Hier mochten we de hele dag rondneuzen in de winkels en op de terrasjes iets eten en drinken. Helaas moesten we dan weer terug naar huis en naar school!

 **Welke route past bij de tekst?**

 Zoek de route van deze schoolreis op de kaart van dit boek.
Werk met een partner, één leest de tekst voor, de andere volgt de route op de kaart.

Welke andere plaatsen liggen aan de route? Vraag je buurman/vrouw welke plaats/en hij/zij kent.

# Een stapje verder: het imperfectum

### 6 Het imperfectum.

a) Schrijf deze lijst over, zoek in de tekst de werkwoorden in het imperfectum op en schrijf ze erbij.

| | | | |
|---|---|---|---|
| krijgen | **kreeg/kregen** | beginnen | |
| eten | | slapen | |
| gaan | | moeten | |
| hebben | | kunnen | |
| bezoeken | | zijn | |
| staan | | komen | |
| mogen | | zien | |
| bekijken | | rijden | |

b) Er staan nog vijf werkwoorden in het imperfectum. Kan je die vinden? Schrijf ze met de infinitieven in de lijst.

c) Zie je een verschil tussen die twee groepen?

d) Schrijf de zinnen in het imperfectum in je schrift.

Het begint met een zeiltocht.   We zeilen naar Lemmer.
We koken en eten op de boot.    De bedden zijn smal.
Het gaat verder.                Het weer is prachtig.
We bezoeken de Deltawerken.     We bekijken het Anne Frank Huis.
We stappen uit.                 Er komt een lange rij auto's.
We mogen winkelen.              We moeten weer naar school.

# Een stapje verder: het imperfectum

 **En jij?**

Schrijf eerst je eigen antwoorden op, stel dan dezelfde vragen aan een medeleerling.

| Mijn schoolreis | ik | mijn medeleerling |

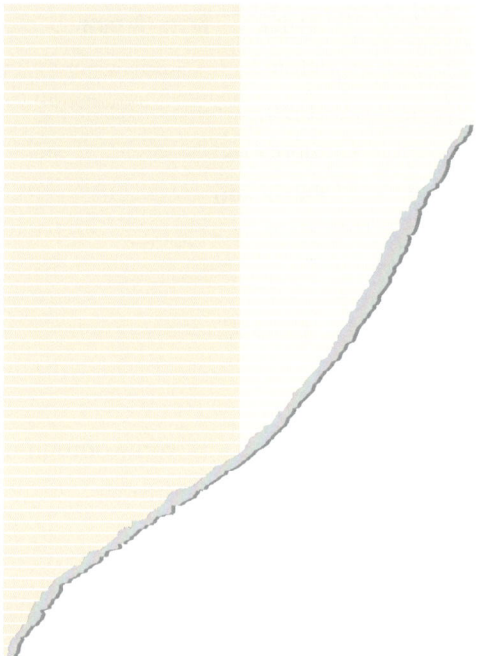

1. Waar was je al met de klas?
   in een stad
   in een dorpje
   in een attractiepark/pretpark
   in het buitenland
2. Waar verbleven jullie?
   in een jeugdherberg
   in vakantiehuisjes
   op een kampeerboerderij
3. Met z'n hoevelen waren jullie op een kamer?
   met z'n tweeën/drieën/vieren/zessen
4. Welke meubels stonden er?
5. Wat stond op het programma?
6. Hoe laat moesten jullie naar bed?
7. Wat deden jullie in de vrije tijd?
8. Wanneer moesten jullie opstaan?
9. Wat vond je leuk, wat niet?

 **Vertel het nu aan de klas.**

→ *Welke meubels stonden er? Er stonden zes stapelbedden, twee stoelen en een grote kast.*

# Een stapje verder: het imperfectum

 **Toen ik 6 jaar was ...**

Vertel wat je toen deed.

> schaatsen   zingen   op mijn kamer eten   tekenen   lezen   lang opblijven
> me wassen   mijn broer/zus plagen   rekenen   fietsen   tanden poetsen
> een muts opzetten   spelen   schaken   rennen   computeren
> Nederlands praten   naar de bioscoop gaan   volleyballen

 **Wel of niet?**

a) Schrijf één of twee dingen op die je ...

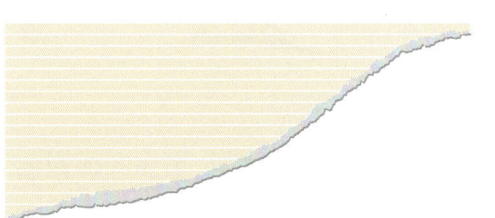

- wel kon
- niet kon
- niet mocht
- niet wilde doen (maar moest)
- altijd wilde doen (maar niet kon of durfde)

b) Vraag nu aan een medeleerling.

Wat ...?

- kon je wel
- kon je niet
- mocht je niet
- wilde je niet doen (maar moest je doen)
- wilde je altijd doen (maar kon of durfde je niet)

 **Vertel het aan de klas.**

➔ *Anja kon wel fietsen en tekenen maar niet lezen en rekenen.*

# Extra: het weer

## 12 Wat voor weer was het?

| | |
|---|---|
| Het was winderig/stormachtig. | Het waaide/stormde. |
| Het was bewolkt. | Er waren wolken. |
| Het was regenachtig. | Het regende. |
| Het was zonnig. | De zon scheen. |
| Het was koud. | Het was mistig. |
| Het was warm. | Er was mist. |

Het was lekker/koel/fris.    Het was 6° (= zes graden celsius).

## 13 Welk weerbericht past bij de kaart?

A  Vandaag is het vrij helder. De temperaturen bereiken in de middag opnieuw ongeveer elf graden. 's Ochtends kunnen er enkele mistbanken ontstaan in het zuiden. Het blijft overal droog.

B  Vanochtend is het grijs met bewolking, nevel en plaatselijk nog wat motregen. Vanmiddag is het droog en klaart het vanuit het westen op. Bij een matige westelijke wind wordt het lenteachtige negen tot twaalf graden.

C  Vanochtend is het wat frisser en stormachtig en er vallen enkele buien. Het waait stevig vanuit het zuidoosten bij temperaturen tussen negen en twaalf graden.

# Extra: het weer

 **14** Luister naar het weerbericht.

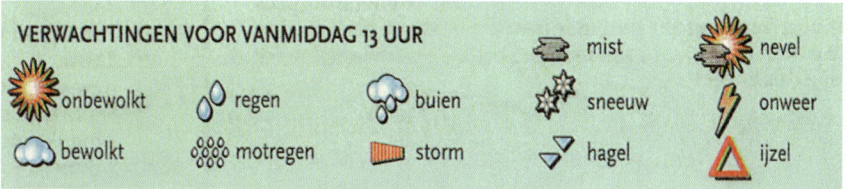

Wat voor weer verwachtte het KNMI?

a) veel regen en wat bewolking
b) veel bewolking en wat motregen
c) een droge middag
d) een middagtemperatuur van 10°
e) matige oostelijke wind
f) slechter weer vanaf vrijdag

 **15** Hoe was het weer ...?

- vanmorgen
- gisteren
- vorig weekend
- op je verjaardag
- vorig jaar met Kerstmis
- tijdens je laatste vakantie

 **16** Schrijf een weerbericht over het weer in Europa.

Hoe was het weer?

In Engeland ...   In Zweden ...
In Duitsland ...   In Spanje ...
In Denemarken ...   In Italië ...

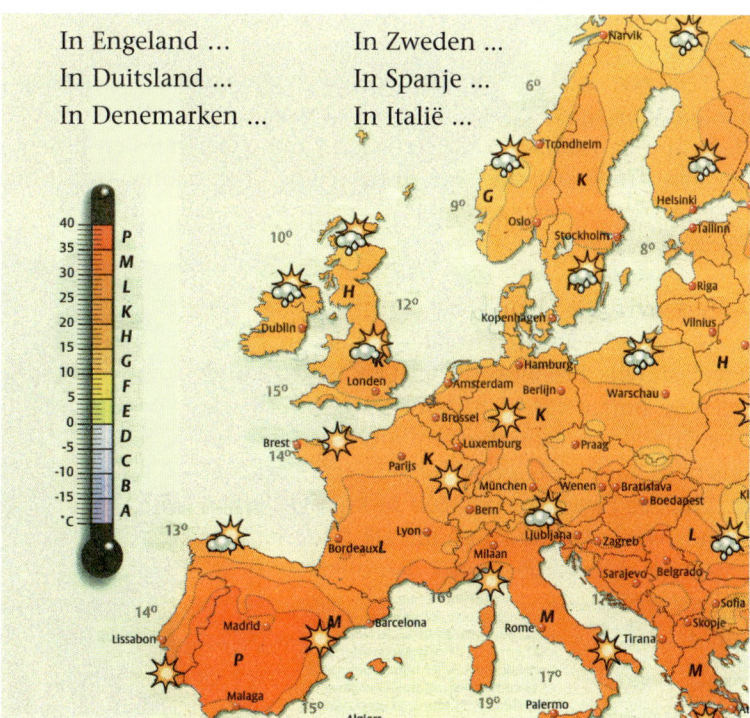

# *Ander*land

## Ze hebben hier helemaal geen gordijnen!

Dat hoor je eigenlijk van de meeste mensen, die voor het eerst een bezoek aan Nederland brengen. Maar hoe ervaar je Nederland als je er zelf een tijdje hebt gewoond? Lees nu de meningen van enkele Duitse studenten over het thema 'wonen in Nederland'.

Nederland is het land van de grote ramen zonder gordijnen. Tijdens een wandeling langs de grachten kon ik de verleiding niet weerstaan opa Kees bij het tv-kijken gade te slaan of de gezellige inrichting van de familie Schaeffer te bewonderen. Nederlanders schijnt deze nieuwsgierigheid niet te storen. Integendeel: maar al te graag maken ze anderen deelgenoot van hun leven. En het is juist deze openheid die de Nederlanders voor mij zo sympathiek maakt.
*(Kristine H., Hannover)*

Wonen in Nederland, dat betekent wonen met veel licht en weinig ruimte. Maar de weinige ruimte die voor iedereen in zo'n klein land overblijft, wordt functioneel gebruikt. Waar alles klein is, daar zijn juist de kleine dingen zo belangrijk en dat is misschien een reden waarom Nederlanders zo'n bijzonder gevoel voor details hebben. Buren zijn er altijd en overal. De verstandhouding is niet altijd even hartelijk, maar ja ...
*(Veit Sch., Stuttgart)*

Steile smalle trappen – die naar de bovenste etage van pittoreske oude huizen leiden – dat is mij als eerste in Nederland opgevallen. En hoe het in hemelsnaam mogelijk is een hoogslaper in een piepklein studentenkamertje te krijgen. Dit kun je allemaal aan de buitenkant zelf zien. Daarom zegt een avondwandeling door een doorsnee straat meer over de Nederlandse woonsituatie dan wat voor theorie ook!
*(Gerd S., Dahlsheim)*

'Heb je zin in een terrasje?' Dat dit geen vraag van een architect aan de opdrachtgever is, heb ik in Amsterdam vlug geleerd. Gezellig op een terrasje zitten, alleen of in gezelschap, dat doet men het liefst op één van de talloze terrassen van de (eet)cafés en lunchrooms die je overal vindt. Zoals je het anders alleen maar in het Zuiden tegenkomt, wordt hier in Nederland de stad als één grote woonkamer gebruikt.
*(Petra L., Düsseldorf)*

Binnen wonen is in Nederland belangrijk, omdat het buiten vaak koud is, regent en waait. Het leven speelt zich dus voornamelijk binnenshuis af. Om toch zo veel mogelijk van de buitenwereld te kunnen zien, zijn de ramen in Nederlandse huizen vaak erg groot. Zo hoeven de bewoners niets van wat er op straat gebeurt te missen. Natuurlijk zitten de bewoners ook zelf te kijk. Dit effect wordt 's avonds versterkt, omdat de meeste Nederlanders hun gordijnen (als ze ze hebben) ook dan open laten.
*(Hans P., Regensburg)*

# Samenvatting

## Grammatica

**imperfectum**

*zijn/hebben*

| ik | | we/wij | |
|---|---|---|---|
| je/jij / u | was/had | jullie | waren/hadden |
| hij / ze/zij / het | | ze/zij | |

*regelmatig*

| ik | | we/wij | |
|---|---|---|---|
| je/jij / u | speelde/stopte | jullie | speelden/stopten |
| hij / ze/zij / het | | ze/zij | |

*onregelmatig*

| ik | | we/wij | |
|---|---|---|---|
| je/jij / u | stond/deed | jullie | stonden/deden |
| hij / ze/zij / het | | ze/zij | |

*modale hulpwerkwoorden*

| ik | | we/wij | |
|---|---|---|---|
| je/jij / u | kon/mocht/moest/ | jullie | konden/mochten/moesten/ |
| hij / ze/zij / het | wilde/durfde | ze/zij | wilden/durfden |

**toen + imperfectum**

Waar woonde je **toen** je op schoolreis **was**?

**voorlopig subject**

Stond er een kast? – Nee, **er** stond geen kast.
Waren er planten? – Ja, **er** waren veel planten.

Les 3

## Uitdrukkingen

Toen ik op schoolreis was …
Met z'n hoevelen waren jullie op een kamer?
– Met z'n drieën/vieren/zessen/…
Ik kon goed schaatsen en rekenen.
Ik mocht nooit op mijn kamer eten.

# Ik zit net te denken ...
## Basiswoorden: niet-alledaagse activiteiten

###  Wat hoort bij elkaar?

vrij hebben  nazitten  op schoolreis zijn  een feest geven
een afspraak hebben  met vakantie gaan  uitgenodigd zijn  in de klas zitten

###  Wat past?

Welk begrip uit oefening 1 past bij deze activiteiten?
Doe deze opdracht samen met een medeleerling.

- cd meenemen
- gezellig bij elkaar zitten
- iets drinken
- kletsen

- koffers pakken
- zwembroek meenemen
- in de file staan
- aan het strand liggen

- boodschappen doen
- rommel opruimen
- dansen
- de hele dag in de keuken staan

- laat naar huis komen
- 's middags op school zitten
- strafwerk hebben
- geen tijd hebben voor vrienden

- met de trein/bus gaan
- snoep meenemen
- een museum bezoeken
- in een jeugdherberg overnachten

- tijdstip vastleggen
- opschieten
- iemand ontmoeten
- afzeggen

- met je buurman/buurvrouw oefenen
- op het bord kijken
- leren
- huiswerk doen

- lekker lang slapen
- leuke dingen doen
- uitrusten
- winkelen

➔ *Als ik op schoolreis ben, neem ik mijn zwembroek mee en ...*

# Aandacht voor: plannen maken

 **Dialoog: Wie kan ons helpen?**  17

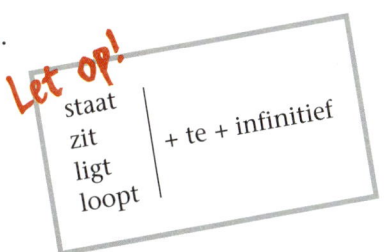

Joost: Hé, Marijke, ik zit net te denken wie ons volgende week met het voorbereiden van ons feestje kan helpen.
Marijke: Misschien willen Tom en Simon wel komen helpen.
Joost: Dat denk ik niet. Tom moet zijn vader heel vaak helpen en Simon moet altijd trainen voor voetbal.
Marijke: En Maarten? Die kan vast wel. Jij hebt hem toch ook al vaak geholpen!
Joost: Gaat hij niet volgende week op schoolreis naar Antwerpen?
Marijke: O ja, dat klopt! … En Rob?
Joost: Ja, Rob zou misschien wel kunnen, ik geloof dat er bij hem volgende week heel wat lessen uitvallen.
Marijke: En vergeet Thijs niet.
Joost: Thijs? Liever niet! Hij loopt altijd zo te zeuren!
Marijke: Ja, dat is waar ook. Vraag het dan maar aan Jos.
Joost: Natuurlijk! Jos, goed idee. Ik ga hem meteen bellen. Haal jij in de tussentijd dan even fris uit de koelkast?
  …
Joost: Jos is in gesprek. Zal ik Robin dan maar vragen? Misschien kan hij wel.
Marijke: Nee, die hoef je helemaal niet te vragen.
Joost: Hoezo niet?
Marijke: Omdat hij zijn been heeft gebroken.
Joost: Jeetje! Dat wist ik niet. Hoe is dat nou gebeurd?
Marijke: In de gymles, geloof ik.
Joost: Nou, wat vervelend voor hem!
Marijke: Ik ben benieuwd wie er dan wél kan komen.

**Let op!**
staat
zit
ligt
loopt
+ te + infinitief

 **Waar of niet waar?**

Schrijf vijf zinnen over de tekst en lees ze dan aan een partner voor.

→ *Tom en Simon kunnen helpen.*
*Maarten gaat volgende week op schoolreis naar Antwerpen.*
*– Ja, dat klopt. / Nee, dat klopt niet.*

# Aandacht voor: iemand vragen iets te doen

 **Luister.**  18

Joost belt zijn vrienden en vraagt of ze kunnen helpen.

Schrijf de lijst over, luister en kruis aan.
Wie kan helpen, wie niet?

**Ja, hij kan.**     **Nee, hij kan niet.**

Tom
Simon
Maarten
Rob
Jos

Schrijf op:

*... kan niet helpen omdat hij ...*

 **Wie verzint het beste smoesje?**

Je ouders vragen of je in de tuin helpt/bij de afwas helpt/je kamer gaat opruimen.
Leg uit waarom je niet kunt.

➡ *Kan iemand mij misschien bij de afwas/in de tuin/... helpen?*
  *– Sorry, ik moet ...*
  *Ik wil wel, maar ...*
  *Jammer, ik kan niet omdat ...*

36 zesendertig

# Een stapje verder

 **Wie komt er op ons feestje?**

Vertel nu aan de klas (gebruik de werkwoorden *willen*, *kunnen* en *moeten*).

➲ *Jos kan niet komen, hij moet nazitten op school omdat hij vet strafwerk heeft.*

 **Maak een afspraak!**

a) Schrijf vijf dingen op die je volgende week wilt gaan doen.
b) Maak een afspraak met een medeleerling.

➲ *Kun je aanstaande donderdag …? / Heb je zin om komende donderdag …?*
– *Ja, dat kan. / Ja, graag. Hoe laat? …*
*Het spijt me, maar ik moet / ik ben van plan … / Jammer, ik kan niet omdat …*

 **Vertel aan de klas wat je gaat doen.**

➲ *Op donderdag ga ik om drie uur met Tom tennissen.*

Les 4

# Een stapje verder

### 10 Wat doen deze mensen?

Schrijf op.

1. Hij loopt te eten.
2. ...
3. ...
4. ...
5. ...
6. ...
7. ...
8. ...

###  11 Wat doe ik nu?

a) Beeld een activiteit uit. De medeleerlingen moeten raden wat je doet.

> *Lig je te lezen?*
> *– Ja, dat klopt! / Nee, dat is het niet!*

b) Beeld samen met een partner een activiteit uit.
De medeleerlingen moeten raden wat jullie doen.

> *Lopen jullie te eten?*
> *– Ja, dat klopt! / Nee, dat is het niet!*

###  12 Welke andere werkwoorden gebruik je met *staan, zitten, liggen* en *lopen*?

Schrijf ze op.

38 achtendertig

# Extra: de horoscoop

 **13** En jij?

Werk samen met je buurvrouw/buurman. Vertel dan aan de klas.

➡ *Wat is jouw sterrenbeeld?*
*Lees je horoscoop.*
*Vertel wat er volgende week volgens je horoscoop gaat gebeuren.*
*Lees je altijd/vaak/soms/nooit je horoscoop?*
*Hoe denk jij over horoscopen?*

**RAM (21 mrt-20 april)**
Liefde is er deze week volop. Je vriend(in) is in elk geval stapelgek op jou. Maar qua werk, studie en geld is dit een waardeloze week. Tja, je kunt niet alles hebben, Ram.
Love-level: ♥♥♥♥♥

**STIER (21 april - 21 mei)**
Beetje last van vetkwabben? Nou, daar is wel wat aan te doen: minder snacken en meer bewegen. Dus kom van die bank af en ga lekker joggen. Wie weet wie je onderweg allemaal tegenkomt...
Love-level: ♥♥

**TWEELINGEN (22 mei – 21 juni)**
Als je ruzie hebt met je lover, gaat 't dan altijd over hetzelfde? Dan moet je daar nu maar eens duidelijke afspraken over gaan maken, Tweeling. Want zeg nou zelf: dit is toch belachelijk?
Love-level: ♥♥♥

**KREEFT (22 juni – 23 juli)**
Ai, de eerste schooldagen beginnen niet zo goed. Deze week heb je de eerste misser al te pakken. Gelukkig heb je wel veel lol met je maatjes. Of is dat juist de oorzaak?
Love-level: ♥♥♥♥

**LEEUW (24 juli – 23 aug)**
Een superweek vol met gierende hormonen! Single Leeuwen moeten zeker ingaan op die blind date. Helaas heb je ook pech... Het kan zijn dat je iets van waarde verliest. Het kost je in elk geval geld.
Love-level: ♥♥♥♥

**MAAGD (24 aug – 23 sep)**
Jij begint het nieuwe schooljaar goed en gaat er flink tegenaan. Probeer dat vol te houden. Daar zouden je ouders heel blij mee zijn en wie weet belonen ze je wel voor zoveel inzet.
Love-level: ♥♥♥

**WEEGSCHAAL (24 sep-23 okt)**
Niet zo zeuren dat je al jarenlang naar dezelfde disco gaat. Als het je niet bevalt, doe er dan iets aan! Verandering van spijs doet eten, Weegschaal. Bovendien heb je dan ook meer kans op een date.
Love-level: ♥♥♥♥

**SCHORPIOEN (24 okt-22 nov)**
Ben je gedumpt door een walgelijk type? Ja, da's niet fijn. Maar zitten mokken in een hoekje helpt je ook niet verder. Laat je op sleeptouw nemen door je vrienden, dan kom je er veel sneller bovenop.
Love-level: ♥

**BOOGSCHUTTER (23 nov – 22 dec)**
Goed opletten, Schutter(es). Iemand probeert je een poot uit te draaien! Dat kan je geld of een goeie vriend(in) kosten. Steek verder voldoende tijd in je studie, anders krijg je daar ook problemen mee.
Love-level: ♥♥♥

**STEENBOK (23 dec - 20 jan)**
Een leuk type, die nieuwe in je omgeving. Praat eens met hem / haar. Wie weet wordt het wat. Misschien moet je het qua school alleen anders aanpakken. Je wilt toch niet dat het net zo gaat als vorig jaar?
Love-level: ♥♥♥♥

**WATERMAN (21 jan - 19 feb)**
Ruzie met je date, gezeik met je ouders, vrienden die je laten zitten... Geef niet meteen anderen de schuld, maar kijk ook eens naar jezelf. Dat kan echt geen kwaad, Waterman.
Love-level: ♥♥

**VISSEN (20 feb - 20 mrt)**
Yes, dit wordt een leuke week. In elk geval ben je heftig in love en diegene is ook helemaal kapot van jou. Dat wordt lekker kleffen met z'n tweetjes. Oké, anderen vinden dat minder... So what? Jij geniet!
Love-level: ♥♥♥♥♥

Les 4

# *Ander*land

## De Nederlandse feestdagen

De meeste christelijke feestdagen zijn in Nederland – net zoals in Duitsland – vrije dagen, maar worden toch soms anders gevierd. Eerste en Tweede Paasdag zijn vrije dagen, maar Goede Vrijdag niet. Op Tweede Paasdag maken Nederlandse families graag een uitstapje naar de grote meubelzaken,  die op deze dag open zijn. Je zult er verbaasd over zijn hoeveel mensen je dan aantreft! Traditioneel luiden de Paasdagen het begin van het toeristen seizoen in. Op 30 april volgt dan 'Koninginnedag'.
De verjaardag van de huidige Koningin Beatrix valt op 31 januari; als eerbetoon tegenover haar moeder Prinses Juliana en rekening houdend met het feit dat januari een slechte maand is voor activiteiten buitenshuis, verklaarde ze tijdens haar kroning in 1980 30 april tot officiële Koninginnedag. Dit is een vrije dag voor de hele bevolking – behalve voor de koningin zelf, die twee gemeentes in het land bezoekt.  Overal worden straatfeesten, optochten, en rommelmarkten georganiseerd en in veel grote steden wordt deze dag met een groot vuurwerk afgesloten. Op Koninginnedag is een bezoek aan Nederland de moeite waard!
In tegenstelling tot de meeste andere Europese landen is 1 mei geen vrije dag! Op 5 mei – Bevrijdingsdag – wordt in Nederland het einde van de bezetting door Duitsland gevierd. Het is een nationale feestdag.
Na Hemelvaartsdag en Pinksteren is het voorlopig voorbij met de vrije dagen. Pas in november komt de volgende feestelijke gebeurtenis: de Sinterklaastijd begint – één van de favoriete seizoenen van de Nederlandse kinderen.
Sinterklaas en zijn Zwarte Pieten komen drie weken voor 5 december met de stoomboot uit Spanje aan en vanaf dit moment zijn ze overal aanwezig: in de etalages, in de speelgoedzaken natuurlijk, op school en thuis, op tv en in de reclame. Kleine kinderen – en die die nog in Sinterklaas geloven – zetten 's avonds hun schoen bij de kachel. In de schoen stop je een wortel of hooi voor het paard. De volgende ochtend zit er dan een kleine chocoladen sinterklaas of een suikerbeest in. Op 5 december is dan het 'heerlijk avondje' gekomen en iedereen is benieuwd wat er deze keer voor cadeautjes in de grote zak zitten! De cadeautjes zijn als 'surprises' verpakt en er zit ook een gedichtje bij. Boven-  dien krijgen de kinderen – en ook de volwassenen – hun initialen in de vorm van chocoladeletters.
Vroeger was het Sinterklaasfeest hèt feest voor de kinderen waar ze een heel jaar naar uitkeken, maar de laatste jaren wordt ook het kerstfeest steeds populairder in Nederland.

# Samenvatting

## Grammatica

| ik | sta/zit/lig/loop | |
| je/jij | | |
| u | staat/zit/ligt/loopt | + te + denken |
| hij / ze/zij | | zeuren |
| het | | lezen |
| | | ... |
| we/wij | | |
| jullie | staan/zitten/liggen/lopen | |
| ze/zij | | |

### Hilfsverb

| ik | hoef niet | |
| je/jij | | |
| u | hoeft niet | + te + bellen |
| hij / ze/zij | | vragen |
| het | | zeuren |
| | | ... |
| we/wij | | |
| jullie | hoeven niet | |
| ze/zij | | |

## Uitdrukkingen

Ik zit net te denken wie ons kan helpen.
Hij loopt te eten.

Haal jij dan in de tussentijd fris uit de koelkast?

Die hoef je helemaal niet te vragen!
Hoe is dat nou gebeurd?

Ik ben benieuwd (of) ...!

Wat vervelend!

Heb je zin om aanstaande donderdag ...?
– Het spijt me, maar ik ben van plan ...
– Sorry, ik kan niet (helpen) omdat ...

# Eten uit en thuis

**Basiswoorden:** eten en drinken

**1** Wat eten zij? Schrijf op.

Jeroen                Dorien                Rene

de kip   de aardappels   de vruchtensalade   het sap   het ijs   de salade   de vis
de soep   de groente   de wijn   de spa   de rijst
het brood   de garnalencocktail

*Als voorgerecht eet Jeroen ... Als hoofd-/nagerecht ... Hij drinkt ...*

**2** Wat hoort er allemaal op tafel? Teken een gedekte tafel en schrijf op wat het is.

het bord   de vork   de lepel   het servet   het glas   het mes
peper en zout   olie en azijn   het kopje   de kom

# Aandacht voor: bestellen

### 3 Dialoog: Met het gezin uit eten.

a) Lees de tekst en zoek de goede volgorde van de tekstgedeeltes.

**A**
| ober: | Zo, de kaart alstublieft. |
|---|---|
| Marijke: | Heeft u een dagschotel? |
| ober: | Ja, we hebben er twee: biefstuk met gebakken aardappels en garnituur of Noorse zalm met mosterdsaus, frites en sla. |
| Marijke: | Heeft u ook iets voor kinderen? |
| ober: | Ja, de kindermenu's vindt u beneden op de kaart. |
| Frans: | Wacht even. Er stond toch ook iets op het bord dat naast de ingang hangt? |
| ober: | Ja. Dat was de schnitzel met frites en appelmoes. |

**B**
| ober: | Zo, heeft het gesmaakt? |
|---|---|
| Marijke: | Ja, prima. De zalm was lekker! |
| Frans: | Mijn vlees was een beetje taai. |
| ober: | O, dat spijt me. Wilt u misschien nog een toetje? |
| Frans: | Ja, mogen we de kaart nog even hebben? |
| ober: | Ja, natuurlijk. Ik kom zo. |

**C**
| serveerster: | Goedenavond. Heeft u gereserveerd? |
|---|---|
| Frans: | Nee, we hebben niet gereserveerd. |
| serveerster: | Met hoeveel personen bent u? |
| Frans: | We zijn met z'n drieën. |
| serveerster: | Ik heb hier nog een tafel die vrij is of wilt u liever daar gaan zitten? |
| Frans: | Liever daar bij het raam. |

**D**
| ober: | Meneer, mevrouw en de jongeman? |
|---|---|
| Frans: | Voor mij graag koffie. |
| Marijke: | En voor mij aardbeienijs met slagroom. Dat is toch het toetje dat ik altijd neem. |
| Joris: | Voor mij chocolade mousse, alstublieft. |

**E**
| ober: | En wat wilt u erbij drinken? |
|---|---|
| Frans: | Kunt u ons een witte wijn aanbevelen - niet te zoet? |
| ober: | We hebben ... |
| Marijke: | Maar Frans. Je moet nog rijden. |
| Frans: | Oké, doet u voor mij dan maar een spa rood! |
| Marijke: | En voor mij ook. |
| Joris: | En voor mij een cassis. |

**F**
| Frans: | Wat neem jij? |
|---|---|
| Marijke: | Eh, ik neem de zalm. Jij ook? |
| Frans: | Nee, die lust ik niet. |
| ober: | Zo, hebt u al iets gevonden? |
| Marijke: | Ja, ik neem de zalm. |
| Frans: | En voor mij graag biefstuk met aardappeltjes en garnituur. |
| ober: | Het spijt me, maar ik heb net in de keuken gevraagd. Die is al op. |
| Frans: | Dat is nou jammer! Dan neem ik maar de varkenshaas met gemengde groenten. |
| Joris: | Ik neem schnitzel met patat en appelmoes, graag. |

b) Luister nu naar de dialoog. Heb je het goed gedaan?  20

# Aandacht voor: bestellen

## 't molentje
**Restaurant**

### VOORGERECHTEN
*Koud*
| | |
|---|---|
| Salade met gebakken geitenkaas | 5,75 |
| Konijnpaté met toast | 4,50 |
| Garnalencocktail | 6,25 |
| Tomaten-Mozzarella met basilicum | 6,00 |

*Warm*
| | |
|---|---|
| Vistaart | 4,00 |
| 1/2 kreeft in roomsaus | 13,50 |
| Tomatensoep met croûtons | 2,75 |
| Soep van de dag | 3,00 |

### HOOFDGERECHTEN
*Vlees*
| | |
|---|---|
| Biefstuk met frites | 10,50 |
| Varkenshaas met rozemarijn | 11,50 |
| Roerbakken kalfsvlees | 12,00 |
| Mixed grill van kalf, lam en rund met frites en salade | 16,00 |

*Vis*
| | |
|---|---|
| Gebakken zalm met mosterdsaus | 11,00 |
| Gebakken scampies met knoflook | 13,50 |
| Gegrilde tonijn | 15,00 |
| Gebakken forel met citroen | 10,50 |

*Vegetarisch*
| | |
|---|---|
| Aardappeltaart met pasta en bonensalade | 8,50 |
| Tortellini met spinazie en gorgonzolasaus | 8,00 |

### NAGERECHTEN
| | |
|---|---|
| Vers fruit met room | 3,50 |
| Chocolade mousse | 4,50 |
| Frambozenijs met vruchtensaus | 3,00 |

### DAGSCHOTEL
| | |
|---|---|
| Saté van de grill met frites kipsaté of saté van de haas | 9,00 |

*Zie ook de borden*

### WARME DRANKEN
| | |
|---|---|
| Koffie | 1,75 |
| Espresso | 1,75 |
| Koffie verkeerd (koffie met warme melk) | 1,75 |
| Portie slagroom | ,40 |

### FRISDRANKEN
| | |
|---|---|
| Spa blauw of rood | 1,25 |
| Coca Cola, Coca Cola light, Cassis | 1,25 |
| Appelsap, Tomatensap | 1,50 |
| Jus d´orange (vers geperst) | 2,15 |

### BIEREN
| | |
|---|---|
| Tapbier | |
| Fluitje Amstel | 1,65 |
| Witbier | 2,15 |
| Maltbier | 1,75 |

### WIJNEN
| | |
|---|---|
| per glas | 2,25 |
| per karaf | 8,25 |
| per fles | 11,50 |

Een keuze uit witte, rode en rosé wijnen.
Vraag naar de wijnkaart!

**Betaal op maat:**
Vanaf € 10,- chippen, vanaf € 15,- pinnen, vanaf € 20,- credit cards

  **En jij?**

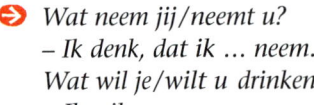 *Wat neem jij/neemt u?*
*– Ik denk, dat ik … neem.*
*Wat wil je/wilt u drinken?*
*– Ik wil graag een …*

# Aandacht voor: bestellen

**5** Schrijf de antwoorden over, maak de passende vragen en vergelijk ze met je buurvrouw/buurman.

1. *Waar gaan Marijke, Frans en Joris zitten?* – Bij het raam.
2. .................................................? – Ja, ze staan beneden op de kaart.
3. .................................................? – Ze neemt de zalm.
4. .................................................? – Hij drinkt cassis.
5. .................................................? – Een beetje taai.

**6** Welke uitdrukkingen uit dialoog 3 passen erbij?

1. Dat is erg!
   Is dat even pech hebben!
   Dat is vervelend!
   *Dat is nou jammer!*

2. U hebt de keus uit …
   U kunt kiezen tussen …
   …

3. Dat is wat voor mij!
   Ik geloof dat dat goed smaakt!
   …

4. Dat vind ik niet lekker.
   Dat eet ik niet zo graag.
   Ik hou er niet zo van.
   …

5. Neem me niet kwalijk!
   Sorry!
   …

6. Doet u maar een kopje koffie.
   Mag ik een kopje koffie van u?
   …

**Les 5**

**7** Luister. 🎧 21

Je hoort een vrouw en een man in een restaurant. Wat bestellen ze? Schrijf op.

|  | voorgerecht | hoofdgerecht | nagerecht | dranken |
|---|---|---|---|---|
| vrouw |  |  |  |  |
| man |  |  |  |  |

**8** Speel nu de scène.

Werk in groepjes van drie of vier. Jullie zijn in een restaurant. Jullie bestellen met de kaart van pagina 44. Één van jullie is de ober.

➡ *Ober:*
*Zo, de kaart alstublieft.*
*Weet u al wat u wilt drinken?*
*Wilt u nu het eten bestellen?*
*Sorry, die/dat is al op.*

*Gast(en):*
*Bedankt.*
*Ja, ik neem … /En ik wil graag…*
*Ja, graag. Ik neem …. En ik…*
*Oh. Doet u dan maar …*

# Een stapje verder

 **Luister.** 22

a) Wie zegt wat?

b) Luister nog een keer en zoek dan de juiste reactie.

1. Ik denk dat ik naar de bioscoop ga.
2. Ik ga lekker een eitje bakken.
3. Ik ga even een trui aantrekken.
4. Ik pak een spa.
5. Ik ga zo meteen zwemmen.
6. Ik ga lekker slapen.

 **Doe een voorstel.**

Geef voor elke situatie een paar tips.

> *Ik heb honger. Zullen we …?*
> *Ik heb dorst.*
> *Ik heb 't warm.*
> *Ik verveel me.*

iets uit de koelkast halen

een raam openzetten       gaan zwemmen

naar de bioscoop gaan

de pizzalijn bellen       een spelletje doen

Frank bellen en vragen of hij langskomt       lekker buiten gaan zitten

een video/dvd huren       iets fris bestellen

een blokje om gaan       erwtensoep maken

# Extra: recepten

 **Oliebollen.**

**Dit moet je er voor hebben:**

500 gram bloem
35 gram gist
½ liter lauwe melk
50 gram suiker
15 gram zout
40 gram boter
250 gram krenten
250 gram rozijnen
2 liter olie
2 eierdooiers / poedersuiker

**Verder gebruik je:**

- kom
- steelpannetje
- houten lepel
- 2 eetlepels
- pan om in te bakken
- keukenrol
- schuimspaan
- theedoek

**Zo wordt het lekker:**

a) Schrijf het recept op.

*Doe de gist...*

1. gist in een kom doen en melk erbij gieten
2. boter in steelpannetje doen en op laag vuur laten smelten
3. gesmolten boter, eierdooiers, suiker en zout bij het gistmelkpapje gieten
4. goed door elkaar roeren en bloem erbij doen
5. zolang roeren tot het een stevig beslag is
6. theedoek onder de kraan natmaken en uitwringen
7. over de kom met beslag leggen en een uur op een warme plek laten rusten
8. krenten en rozijnen er door mengen en nog even laten rijzen
9. olie in een frituurpan verhitten tot er blauwe damp afkomt
10. 2 eetlepels nemen en even in de hete olie houden
11. een bolletje deeg uit de kom scheppen en in de olie laten glijden
12. vijf à zes oliebollen tegelijk in de pan doen
13. zes minuten aan beide kanten bruin laten bakken en na drie minuten met de schuimspaan omdraaien
14. uit de olie scheppen en uitlekken laten op een stuk keukenpapier
15. met poedersuiker bestrooien

b) Vertel.

Wat heb jij al gebakken of gekookt?

*Ander*land

# Frites

"Een friet met mayonaise!" Slechts weinig Belgen hebben deze woorden nog nooit uitgesproken. Want frites bekleden een volwaardige plaats in de gastronomische cultuur van ons land.

Als er één symbool bestaat voor België, dan zeker de frites. Hun oorsprong blijft nochtans relatief onzeker. De Engelse term "French Fries" lijkt het patent op deze culinaire uitvinding toe te kennen aan onze zuiderburen. Niets van, beweren kenners, de frites komen wel degelijk van bij ons. Het oorspronkelijke recept zou ontstaan zijn aan de oevers van de Maas, tussen Dinant en Luik. De arme bewoners van deze streek hadden de gewoonte om bij hun maaltijden gebakken visjes te eten. Maar wanneer de rivier bevroren was en ze geen vis konden vangen, sneden ze in plaats daarvan aardappels in reepjes die in de olie werden gebakken.

De uitvinding van de frites is even onzeker als het begin van hun commerciële exploitatie. In 1861 zou een Belgisch ondernemer met de naam Frits een kraampje geopend hebben waar hij dit product verkocht dat hij zijn naam gaf. Waarom spreken de Engelsen dan van "French Fries"? De meest gehoorde verklaring brengt dit in verband met de Eerste Wereldoorlog. De Amerikanen en Engelsen zouden dit gerecht geproefd hebben in gezelschap van Belgische soldaten die Frans spraken, vandaar de verwarring. En zo keerden ze naar hun land terug met het recept voor "French Fries". In België worden frites met mayonaise of een andere saus bij voorkeur gegeten in een frituur of 'frietkot'. En om knapperige frietjes te verkrijgen hebben de Belgen hun geheim: de frites niet één maar twee keer in de olie dompelen.

Deze Belgische specialiteit is wereldwijd bekend. De Fransen zijn dol op een lekkere "steak frites salade". En ook de Amerikanen hebben sinds kort de echte Belgische frites ontdekt met de opening in New York van frituren gekopieerd op het Belgische model en uitgebaat door Belgische frietbakkers.

# Samenvatting

## Grammatica

### Relatief pronomen

Ik heb hier nog een tafel **die** vrij is.
Er stond toch ook iets op het bord **dat** naast de ingang hangt.

Dat is het toetje **dat** ik altijd neem!

Met hoeveel personen bent u?
– We zijn met z'n **tweeën**
  ... **drieën**
  ... **vieren**, ...

### Uitdrukkingen

Ik denk dat ik ... neem.
Dat lust ik (niet).
Heeft u een dagschotel?
Lijkt me lekker!
Voor mij graag ...
Dat is nou jammer!
Nou ja, goed dan.

Ik heb het koud/warm.
Ik heb honger/dorst.

**Les 5**

# Kan ik je helpen?
**Basiswoorden:** kleding

  Wat dragen Mike en Marloes? Maak een lijst en schrijf op.

| Mike | Marloes |
|---|---|
| de jeans/ de spijkerbroek | ... |
| ... | ... |

de leren schoenen  de jeans / de spijkerbroek  het t-shirt  de sjaal
de pet  de leren jas  het overhemd  de blouse  de sportschoenen

# Basiswoorden: Kleding

**2 Maak een lijstje.**

a) Wat draag je:  's winters/in de zomer/het hele jaar door? Schrijf het in een lijst.

*dingen die je in de zomer draagt*

*dingen die je het hele jaar door draagt*

*dingen die je 's winters draagt*

Les 6

b) Vergelijk jouw lijstje met dat van je buurman/buurvrouw. Neem die woorden over die je zelf niet hebt.

 **3 Werk nu samen met je partner.**

a) Wat draagt je partner? Beschrijf.

b) Kijk het boek door en zoek een foto met een persoon erop. Beschrijf deze persoon zo goed mogelijk. Je partner moet nu deze persoon tekenen. Vergelijk dan de tekening met de foto.

c) Ik ga winkelen.
Je gaat winkelen. De eerste leerling begint met: *"Ik ga winkelen en koop een jas."* De volgende leerling moet herhalen wat de eerste leerling koopt en noemt dan een ander kledingstuk. Ga zo door.

51    eenenvijftig

# Aandacht voor: winkelen

###  4  Dialoog: Dat is niks voor mij!  24

Zwaantje: Jos, kijk eens, wat een leuke jas. Pas die eens even.
Jos: Bedoel je deze met die grote zakken? Dat is niks voor mij, veel te netjes.
Zwaantje: Nee, deze toch niet, die natuurlijk! Ik ken jouw smaak toch. Lijkt me echt iets voor jou.
Jos: Nee, ik vind de kleur niet mooi. Trouwens, heb je al op het prijskaartje gekeken?
Zwaantje: Oh ja, dat is wel duur. Maar voor de winter heb je wel iets goeds nodig, vind je niet? Dat hoeft niet het duurste te zijn, maar ook niet het goedkoopste!
Jos: Eigenlijk heb ik alleen een nieuwe broek nodig. Mijn leren jas van voor twee jaar is nog prima. Kijk eens, hoe vind je deze broek? Die is afgeprijsd.
Zwaantje: Ja, gaat wel, maar die daar is veel mooier – en van een betere kwaliteit.
Jos: Weet je wat, het beste is nog steeds een spijkerbroek met een t-shirt of een trui. Kom, laten we maar naar een jeansshop gaan. Elegant is eigenlijk niets voor mij!
Zwaantje: Weet jij wat? De volgende keer ga je maar lekker alleen. Dan kan je kopen wat je wilt!
Verkoopster: Kan ik jullie helpen?

**Let op!**
duur – duurder – het duurst
goedkoop – goedkoper – het goedkoopst
goed – beter – het best

###  5  Synoniemen.

Welke woorden in de dialoog kun je door één van de volgende synoniemen vervangen? Schrijf op.

correct ◎ prijzig ◎ in orde ◎ voordelig ◎ leuk ◎ sportief ◎ chic
✔

... die daar is veel mooier ⟹ **veel leuker**

# Aandacht voor: winkelen

 **6  Wie zegt dit, de klant of de verkoopster?
Maak een lijst en schrijf op.**

Kan ik dit even passen?   Kan ik u helpen?

Heeft u dit een maat groter/kleiner?   Betaalt u contant?

Kan ik pinnen/chippen?   Wat kost het bij elkaar?   Dat staat u goed.

Deze paskamer is vrij.   Deze broek past niet. Hij is me te groot.

Ik zoek een …

| klant | verkoopster |
|---|---|
| Kan ik dit even passen? | … |
| … | … |

 **7  Wat zeggen ze? Vertel.**

- Volgens mij is het te klein.
- Welke maat hebt u?
- Nee, dank u, ik kijk alleen maar even.
- Ik neem dit.

 **8  Speel nu de scène.**

Je bent in Utrecht of Mechelen aan het winkelen. Overleg van tevoren met
jouw partner wat je wilt kopen. Één medeleerling is de verkoper/verkoopster.
Maak gebruik van de dialoog en de bovenstaande zinnen en schrijf het gesprek op.
Oefen de dialoog een paar keer en speel hem daarna voor de anderen.

# Een stapje verder: vergelijken

### 9  Amsterdam – één van de mooiste steden in Europa

Amsterdam is één van de vrolijkste, swingendste, drukste, beruchtste, mooiste en meest romantische steden van Europa. Dat zeggen veel mensen die er ooit geweest zijn. En hoewel het niet de grootste stad van Europa is, telt Amsterdam meer bruggen dan Parijs en meer kanalen dan Venetië. En aan één van deze talloze grachten – de voorname Herengracht – staan de mooiste en oudste patriciërshuizen van Amsterdam. Maar ook het smalste huis, dat niet breder is dan een voordeur! Wonen kun je hier niet alleen áán, maar ook óp het water. In de Amsterdamse grachten liggen de meeste woonboten van Nederland (ongeveer 2000). Voor veel mensen is en blijft dit de gezelligste en (ont)spannendste manier van wonen! Wist je overigens dat je Amsterdam ook vanuit de watertaxi kunt bekijken? Misschien wel één van de origineelste mogelijkheden om de grachten te verkennen.

Als we toch op het water zijn: wat dacht je van de combinatie rondvaart door de grachten en museumbezoek? Amsterdam telt rond 40 musea en het leukste is, dat je er enkele met de 'museumboot' kunt bereiken. Zoeken naar een parkeerplaats (Amsterdamse bekeuringen zijn de hoogste!) is overbodig. Je wordt van het ene naar het andere museum gebracht. Het bekendste is het Rijksmuseum, waar je 'De Nachtwacht', het beroemdste schilderij van Rembrandt van Rijn kunt zien. Niet minder beroemd is Vincent van Gogh, die in Amsterdam een eigen museum heeft. Met in totaal 400 tekeningen en 200 schilderijen is dat de grootste Van Gogh collectie ter wereld.

# Een stapje verder: vergelijken

Na zoveel cultuur heb je zeker trek in een kopje koffie of iets anders. De beste 'bruine cafés' vind je in de binnenstad en een borreltje smaakt hier natuurlijk het lekkerst! Wie dan nog energie over heeft kan nog uitgebreid gaan winkelen.

In het historische centrum liggen Amsterdams beste winkelstraten zoals de Kalverstraat en de Leidsestraat. In de Jordaan – één van de oudste wijken – zijn nog veel kleine winkeltjes waar je voor een habbekrats de gekste dingen kunt kopen.

**Les 6**

 **Superlatieven.**

1. Schrijf 5 vragen bij de tekst op. Stel ze aan je partner.
2. Hoeveel superlatieven staan er in de tekst? Schrijf ze allemaal op.
3. Wat zijn de leukste/belangrijkste dingen die je in je woonplaats en/of in je omgeving kunt zien en doen? Maak aantekeningen en vertel.

# Een stapje verder: vergelijken

 **Reclame, reclame!**

Welke tekst hoort bij welke headline?

OP STAP IN DE VIER LEUKSTE STEDEN VAN EUROPA

**Het mooiste, roerendste liefdesverhaal van dit jaar!**

DE GROOTSTE TUINBEURS VAN NEDERLAND!

Gegarandeerd de laagste prijs!

*Gratis de dikste*

**De ruimste en comfortabelste**

1. Op Schiphol tax-free gekocht en toch in Nederland goedkoper gezien? Wij betalen u het verschil terug.

2. Wij weten dat voor sommigen de grootste familiewagen niet groot genoeg is. Daarom maken wij al sinds jaren naast ons standaardtype deze 37 centimeter langere uitvoering. Dat is pas comfortabel rijden. En ondanks zijn lengte toch nog eenvoudig te parkeren!

3. In Wenen leeft de muziek, Rome biedt een kijkje in de oudheid, Parijs heeft de leukste en meeste winkels en Berlijn is gewoon te gek!

4. Een ideale gelegenheid om nieuwe groen-ideeën op te doen. Geniet mee van sfeervolle tuindecoraties, planten, bomen en heesters. 27 februari t/m 2 maart in de Brabanthallen.

5. Nu in de bioscoop: de veelbesproken, duurste productie ooit!! Bekroond met vier Golden Globes voor beste film, regie, muziek en titelsong.

6. Vraag nu gratis de gloednieuwe Lente/Zomer-catalogus aan! Helemaal gratis voor u de dikste catalogus van België met de leukste, betaalbare mode. Reageer vandaag nog.

 **De leukste, mooiste, grootste ...**

Bedenk samen met een andere leerling een tekst voor een advertentie voor jouw school/een product/jouw stad enz.

## Extra: het lichaam

**13** De lichaamsdelen.

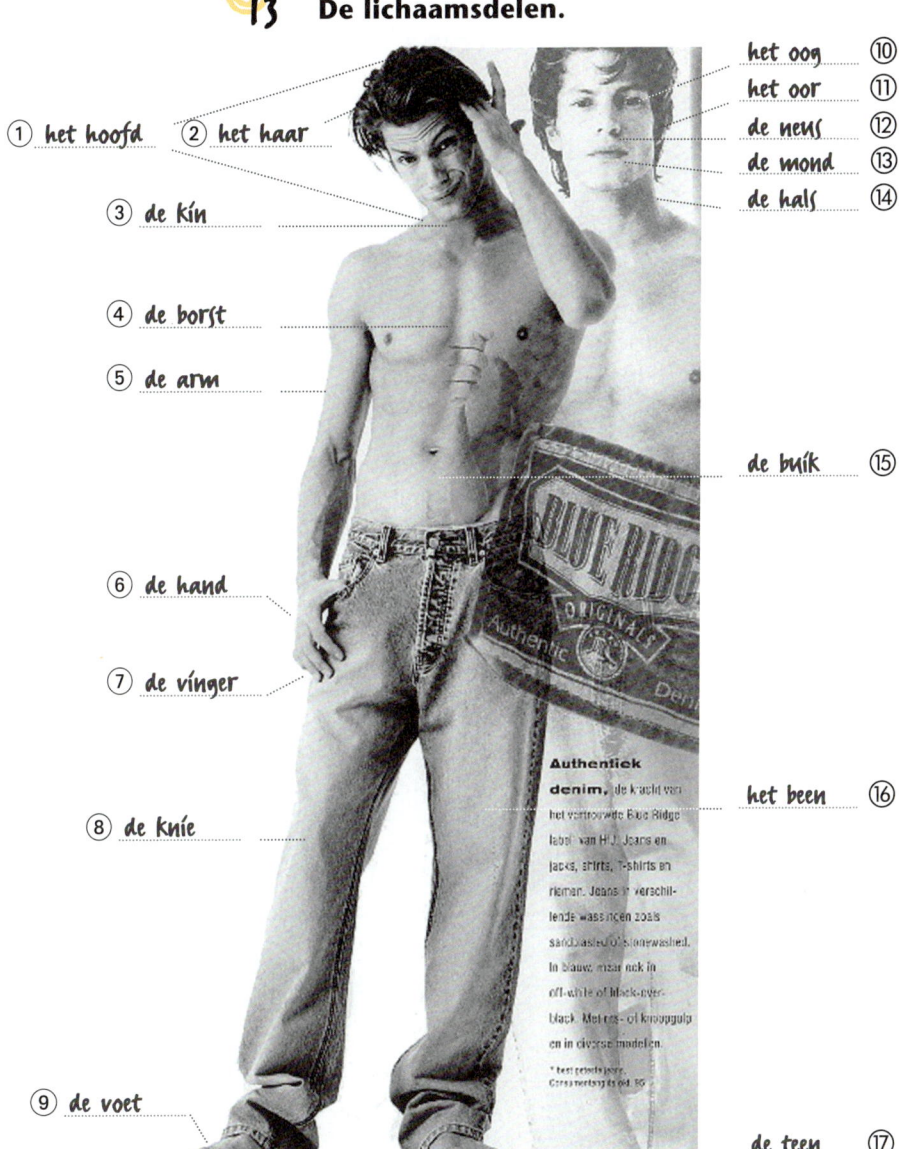

1. het hoofd
2. het haar
3. de kin
4. de borst
5. de arm
6. de hand
7. de vinger
8. de knie
9. de voet
10. het oog
11. het oor
12. de neus
13. de mond
14. de hals
15. de buik
16. het been
17. de teen

**14** Welke lichaamsdelen horen bij het hoofd, het bovenlichaam en het onderlichaam?

Schrijf de lijst over en vul in.

| het hoofd |
| het bovenlichaam |
| het onderlichaam |

**15** Welke andere woorden horen er nog bij? Schrijf op.

57 zevenenvijftig

# Samenvatting

## Grammatica

### positief – comparatief – superlatief

| | | |
|---|---|---|
| duur | duurder | het duurst |
| mooi | mooier | het mooist |
| goedkoop | goedkoper | het goedkoopst |
| groot | groter | het grootst |
| | | |
| goed | beter | het best |
| veel | meer | het meest |
| weinig | minder | het minst |

het smalste huis  *attributief*
de grootste collectie

Dat is het beste/het leukste.  *alleenstaand*

iets goeds
iets leuks
iets moois

### stofadjectieven

de wollen jas
de leren schoenen

## Uitdrukkingen

Kan ik dit even passen?
Dank u, ik kijk alleen maar even rond.
Heeft u dit een maat groter/kleiner?
Ik zoek een ...
Het past niet (zo) goed.
Dat is veel te netjes/groot.
Wat kost het bij elkaar?
Kan ik pinnen/chippen?

# Ik zou graag ...
**Basiswoorden bij:** vakantiehuisje

###  1  Wat hoort bij elkaar?

| | | | | |
|---|---|---|---|---|
| het gasfornuis | de telefoongids | de koelkast | de wasmachine | de magnetron |
| het koffiezetapparaat | het strijkijzer | de telefoon | de handdoek | de vaatwasmachine |
| de douche | de klok | de (kook)pannen | de tv | de radio · de föhn · de computer |

  **2**  Schrijf op wat je in een vakantiehuisje wel of niet zou willen hebben.

| Dat moet, het is onmisbaar. | Dat zou ik handig vinden. | Dat hoeft niet, het is niet nodig. |
|---|---|---|

 b) Vraag drie medeleerlingen wat ze tijdens hun vakantie graag willen hebben.

→ *Wat wil je in een vakantiehuisje graag hebben?*
  *– Ik zou graag ... willen hebben maar ik hoef geen ... te hebben.*

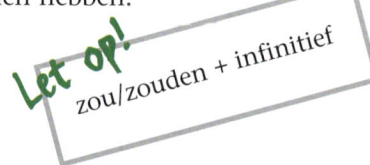
Let op! zou/zouden + infinitief

# Een stapje verder

 **En jij?**

Wat zou jij tijdens een vakantie op de Waddeneilanden graag willen doen?

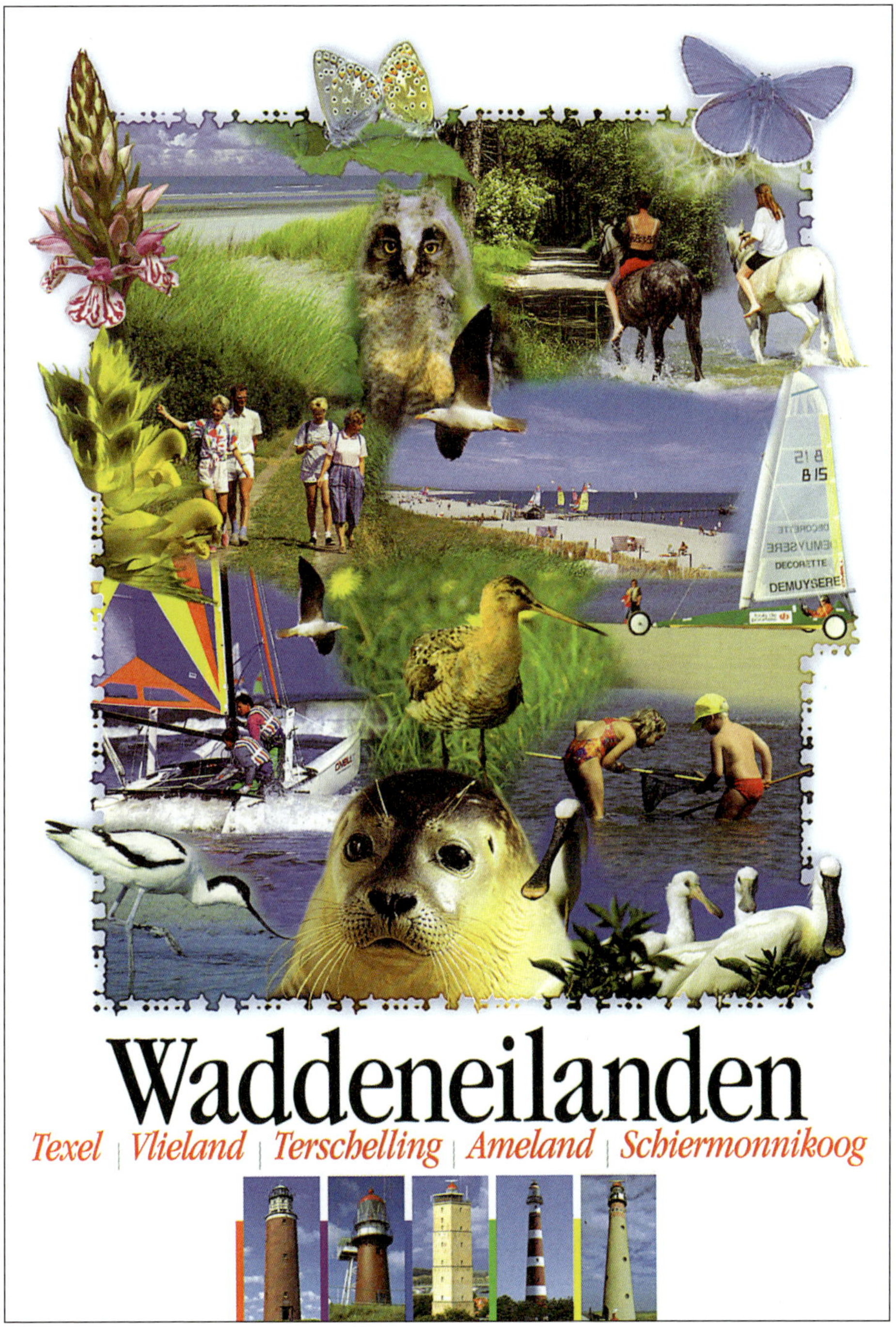

wandelen ○ windsurfen ○ zwemmen ○ vissen ○ paardrijden ○ luieren ○ hengelen
beachvolleyballen ○ parachutespringen ○ vliegeren ○ naar zeehonden kijken

# Een stapje verder

 **4  Wat voor vakantietype ben je?**

Zoek iemand die dezelfde dingen graag zou willen doen.

het appartement  het hotel  het pension  de tent  het vakantiehuisje  de caravan
het strand  de bergen  de steden  het platteland  de zee  het bos
eenvoudig  met veel mensen  luxe  alles geregeld  onafhankelijk  gezellig

→ *Waar logeer je tijdens de vakantie: bij een vriend/in of familie/in een hotel of een vakantiehuisje/op een camping?*

*Waar ga je het liefst naartoe?*

*Waarom kies je voor deze vorm van vakantie?*

 **5  Vertel het aan de klas.**

→ *Vera gaat regelmatig naar Nederland, meestal naar de kust. Ze heeft familie in Zandvoort, maar ze huurt liever een vakantiehuisje. Dan is ze niet zo afhankelijk.*

  **6  Speel nu de scène.**

Één leerling is medewerker/medewerkster bij de VVV, de andere wil een vakantiehuisje/appartement boeken. Schrijf van te voren op wat je wilt/moet vragen/antwoorden.

# Aandacht voor: voorbereidingen voor een reis

 **Wat neem je mee op reis?**

de mobiele telefoon/de zaktelefoon/het mobieltje • de zonnebril • de agenda
het woordenboek • het horloge • de plattegrond • het tijdschrift • de medicijnen
de zonnecrème • het snoep • de pinpas • het buitenlandse geld • de zwembroek
het badpak • het ticket/het (trein)kaartje • het paspoort • de reisgids • de handdoek
de tandenborstel • de toilettas • het fototoestel • de tandpasta • de kam/de borstel

**Les 7**

 **Wat neem jij mee of niet mee op vakantie en waarom? Schrijf 5 zinnen op.**

*Ik neem mijn mobieltje mee omdat ik mijn vriend/in wil opbellen.*
*Ik neem geen buitenlands geld mee want ...*

 **We gaan op reis.**

De eerste leerling, bijv. Linda begint: We pakken onze koffer en ik neem mijn zonnebril mee.
De tweede gaat zo verder: We pakken onze koffer, Linda neemt haar zonnebril mee en ik neem mijn agenda mee.

# Aandacht voor: voorbereidingen voor een reis

 **Drie vrienden willen een weekeind naar Amsterdam.**

Schrijf op. Wat past bij **kamer reserven** en wat bij **kaartje kopen**?

Enkele reis of (dag)retour?

Alleen maar voor twee nachten.

Is dat inclusief ontbijt?

Moeten we overstappen?

Van welk spoor vertrekt die?

Kunt u de reservering schriftelijk bevestigen?

Tot vrijdag – en goede reis!

Heeft u een 3-persoonskamer vrij op ...?

Moet ik reserveren?

Hoe laat komen we in Amsterdam aan?

Is dat met toeslag?

Kunt u me zeggen wat een retourtje kost?

Hoe laat gaat er op vrijdagmiddag een trein naar Amsterdam?

Hoe duur is de kamer per persoon/per nacht?

**kamer reserveren**     **kaartje kopen**

a) Schrijf met z'n tweeën een dialoog, gebruik de uitdrukkingen van deze bladzijde en speel daarna de scene.
   1. Je belt de jeugdherberg "stay okay" in Amsterdam op om een kamer te reserveren, je partner werkt daar.
      of
   2. Je gaat naar het station om kaartjes te kopen, je partner zit aan het loket.

 b) Speel nu de dialoog in de klas.

# Aandacht voor: voorbereidingen voor een reis

 **11 Luister.**  26

Je hoort twee telefoongesprekken. Zijn de volgende zinnen waar of niet waar? Vertel.

1. Femke de Wit werkt bij de Firma De Graaf.
2. Meneer Becker wil graag een afspraak met mevrouw De Wit maken.
3. Meneer Becker heeft al een kamer gereserveerd.
4. Meneer De Graaf haalt meneer Becker van het station af.

5. Er wordt een twee-persoonskamer gereserveerd.
6. De kamer kost € 75,- per nacht.
7. De kamer is inclusief ontbijt.
8. De reservering wordt bevestigd.

 **12 Informeer je vrienden.**

Je hebt een kamer gereserveerd of kaartjes gekocht en schrijft een smsje om je vrienden te informeren wat je hebt bereikt. Gebruik ook hierbij de uitdrukkingen van bladzijde 64.

**Les 7**

## Utrecht CS – Brussel-Zuid/Midi

| VERTREK | AAN | treinnummer | overstappen in | aan | vertrek | treinnummer |
|---|---|---|---|---|---|---|
| 5 09 | 8 35 | 9806 | Rotterdam CS<br>niet zaterdags en niet zondags | 5 59 | 6 26 | 2455 |
| 6 49 | 9 31 | 1714 | Rotterdam CS<br>niet zaterdags en niet zondags | 7 25 | 7 32 | 2456 |
| 7 02 | 9 57 | 9816 | Rotterdam CS<br>zondags | 7 52 | 8 18 | 9320 R X |
| 7 19 | 9 57 | 516 | Rotterdam CS<br>niet zondags | 7 55 | 8 18 | 9320 R X |
| 7 49 | 10 31 | 1718 | Rotterdam CS<br>niet zondags | 8 25 | 8 32 | 2457 |
| 8 49 | 11 31 | 1722 | Rotterdam CS | 9 25 | 9 32 | 2458 |
| 9 19 | 11 57 | 524 | Rotterdam CS | 9 55 | 10 18 | 9328 R X |
| 9 49 | 12 31 | 1726 | Rotterdam CS | 10 25 | 10 32 | 2459 |
| 10 49 | 13 31 | 1730 | Rotterdam CS | 11 25 | 11 32 | 2460 |
| 11 49 | 14 31 | 1734 | Rotterdam CS | 12 25 | 12 32 | 2461 |
| 12 49 | 15 31 | 1738 | Rotterdam CS | 13 25 | 13 32 | 2462 |
| 13 49 | 16 31 | 1742 | Rotterdam CS | 14 25 | 14 32 | 2463 |
| 14 19 | 16 57 | 544 | Rotterdam CS | 14 55 | 15 18 | 9348 R X |
| 14 49 | 17 31 | 1746 | Rotterdam CS | 15 25 | 15 32 | 2464 |
| 15 49 | 18 31 | 1750 | Rotterdam CS | 16 25 | 16 32 | 2465 |

 **13 Luister.**  27

Vertel aan de klas met welke trein de reiziger naar Brussel gaat.

# Een stapje verder

### 14  En jij?

Stel de volgende vragen aan je medeleerlingen.
Probeer zo veel mogelijk informatie te weten te komen. Maak aantekeningen.

|  | ik | medeleerling |
|---|---|---|

Ben je wel eens …?
   in Nederland/België geweest
   op een Nederlands/Belgisch station geweest
   op een Nederlands/Belgisch vliegveld geweest
   op een Nederlands eiland geweest
   in Nederland/België op bezoek geweest

Heb je wel eens …?
   naar de Nederlandse/Belgische tv gekeken
   Nederlandse/Belgische kranten,
   boeken of tijdschriften gelezen
   op een Nederlandse/Belgische camping gezeten
   naar Nederlandse/Belgische muziek geluisterd
   in Nederland/België gewinkeld
   in Nederland/België gegeten

### 15  Vertel het aan de klas.

- *Martin heeft nog nooit een Nederlands tijdschrift gelezen, maar hij heeft wel vaak naar de Belgische tv gekeken.*
- *Bettina is een paar keer op Ameland geweest maar nog nooit in Antwerpen.*
- *Laura leest af en toe een Nederlands tijdschrift als ze in Nederland is.*

# Extra: brieven schrijven

**16** Lees de volgende brieven.

Aan                                                  per fax
de VVV Schiermonnikoog

Marlen Meier
Realschule Waldstraße
Fax: 06841-3434-66                    Ermelkamp, 1 juni 2004

Geachte dames en heren,

We willen graag met onze klas 10, allemaal leerlingen die Nederlands leren, een week op Schiermonnikoog doorbrengen. Zou u ons a.u.b. informatie over het eiland en over goedkope overnachtingsmogelijkheden kunnen sturen? We hebben ons uitstapje gepland voor de week van 14 tot 18 juli en we zijn met 22 leerlingen en 2 docenten.

Bij voorbaat hartelijk dank.

Met vriendelijke groet,

Marlen Meier
Realschule Waldstraße
Waldstraße 12
28713 Ermelkamp

*Marlen Meier*

---

*Schiermonnikoog, 16 juli 2004*

Beste Jan,
Ik ben met mijn groep Nederlands op Schiermonnikoog. Het weer is prachtig, we kunnen heerlijk zwemmen, fietsen en aan het strand luieren. De kampeerboerderij is heel gezellig, wel grote slaapzalen met stapelbedden, maar geweldige sfeer tot laat in de nacht. Ik zou je nog veel meer kunnen vertellen, maar de anderen staan al te wachten, we willen naar de vuurtoren.
Groetjes en kusjes,
Marlen

**17** Schrijf nu zelf.

Schrijf een brief/fax/e-mail aan de VVV waarin je om informatie vraagt of één aan een vriend/in waarin je over een schoolreis vertelt.

# *Ander*land

## De Waddeneilanden – Vlieland

Vlieland heeft al het goede van vroeger bewaard en dit gecombineerd met de voordelen van nu. Op dit kleinere Waddeneiland mag je je auto niet meenemen. Met de fiets kun je alle kanten op. Voor een klein bedrag per dag huur je een 'lichtloper' bij één van de fietsenverhuurbedrijven en ben je helemaal klaar voor een ontdekkingsreis. En er is hier genoeg te zien: duinen, wad, strand en polders en zo'n 100 verschillende soorten broed- en trekvogels.

Wie liever op het strand blijft hoeft zich ook niet te vervelen. Vlieland beschikt over een breed strand, dat 12 kilometer lang is. Je kunt er zwemmen en zonnen, maar bijv. ook paardrijden, vliegeren en windsurfen.

Een ander aantrekkelijk gezicht van Vlieland is het dorpsgezicht van Oost-Vlieland, het enige dorp op het eiland met zijn 1090 inwoners in de winter.

Van alle Waddeneilanden is Vlieland het verst verwijderd van de kust. Toch neemt de bootreis vanuit Harlingen met de veerboot 'Oost-Vlieland' niet meer dan zo'n anderhalf uur in beslag. Wil je sneller? Dan kies je voor de snelle 'Koegelwieck'. Deze brengt je er in 45 minuten heen. Zoals eerder gezegd, kan de auto niet mee naar Vlieland. Maar dat vind je helemaal niet erg als je dit 'rustpunt in een hectische wereld' eenmaal heeft ervaren.

# Samenvatting

## Grammatica

**conjunctief**

| | | |
|---|---|---|
| ik | | ... willen hebben |
| je/jij | zou | ... willen doen |
| u | | ... willen reserveren |
| hij / ze/zij | | ... willen wandelen |
| het | | ... willen luieren |
| | | ... willen spreken |
| we/wij | | |
| jullie | zouden | |
| ze/zij | | |

## Uitdrukkingen

Wat zou je graag willen hebben?
Dat zou ik handig vinden.
Dat hoeft niet.
Enkele reis / retour Brussel.
Moet ik overstappen?
Van welk spoor vertrekt de trein?
Hoe laat ben ik in Antwerpen?
Is dat met toeslag?
Moet ik reserveren?
Ogenblikje, ik verbind u door.
Kunt u me zeggen wat die/dat kost?
Is dat inclusief ontbijt?
Kunt u de reservering schriftelijk bevestigen?

**formele brief:**

Geachte dames en heren,
Met vriendelijke groet,

**informele brief:**

Beste/Lieve Anja en Kees,
Groetjes (en liefs) van Marlen

# Ons dagelijks nieuws
Basiswoorden: kranten en tijdschriften

### 1  Wat hoort bij elkaar?

het bericht/het artikel · de krant · het tijdschrift · het tv-journaal · de vette kop
de voorpagina · de foto · de redacteur/de verslaggever

 ### 2  Wat hoort er nog bij?

Zoek de woorden in een woordenboek op.

### 3  Wat lees jij het liefst? Vraag ook je medeleerling.

Schrijf de lijst over en vul de antwoorden in.

| ik | mijn medeleerling |
|---|---|
|  |  |

### 4  Vertel aan de klas.

# Aandacht voor: praten over het nieuws

 **Luister.**

Nou, ik lees eerlijk gezegd niet zo erg veel. Wat dat betreft ben ik toch wat anders dan mijn zus Tara, die is een echte boekenwurm. Zelfs 's morgens zit ze al bij het ontbijt met haar neus in de krant. Ik heb daar meestal geen zin in en geen tijd want ik moet vroeg naar mijn werk. En als ik naar huis kom is het al te laat voor het nieuws van de krant. Dan ga ik liever in mijn pc-blaadje bladeren. Laat mij maar met rust met die flauwekul van de krant.

*Mark*

Ik werd al eens gevraagd: "Wat zou je meenemen op een eenzaam eilandje?" Nou, het antwoord schoot direct door mijn hoofd: dikke boeken natuurlijk. Thuis lees ik behalve mijn romans ook ons dagblad. Mijn ouders lezen ook vrij veel, dat is waarschijnlijk de reden voor mijn leeswoede. Boeiend vind ik vooral lange reportages over mensen uit andere landen, maar ik wil ook op de hoogte zijn van wat er in ons land allemaal gebeurt.

*Sheila*

Ik lees elke dag het sportdeel van onze krant.
Het liefst op maandag want dan zit de krant vol van de berichten over de voetbalwedstrijden van het weekend. Daardoor kom ik soms wel eens te laat op school. Maar voor de rest? Nee, geef mij maar alleen mijn sport. Politiek vind ik saai en van economie en zulke dingen snap ik sowieso niets.

*Vincent*

Ik ben gek op tijdschriften. Echt waar!
Het liefst snuffel ik in de *Yes* of in de *Fancy*. Die hebben we thuis als abonnement. Zo kom je alles te weten over wat "in" en "out" is, over mode, filmsterren en noem maar op. Soms, als ik dan bijv. bij de tandarts zit te wachten, kijk ik ook eens de *Libelle* of de *Nieuwe Revue* door. Dan heb je meer dan genoeg om met je vriendinnen over te kletsen.

*Emma*

**Les 8**

 **Schrijf op: Wat lezen ze graag en wat lezen ze niet graag?**

|  | Dat lezen ze graag | Dat lezen ze niet graag |
|---|---|---|
| Mark |  |  |
| Sheila |  |  |
| Vincent |  |  |
| Emma |  |  |

 **Wat, waar en wanneer lees jij?**

Schrijf enkele trefwoorden over je leesgedrag op en vertel met behulp van deze trefwoorden aan de klas.

71  eenenzeventig

# Aandacht voor: praten over het nieuws

 **De vijf W's**

## 24 gewonden bij treinongeluk in München

Wat

Wanneer
Waar
Wie

Waarom

Een verkeerd gezette wissel was de oorzaak voor de botsing van twee treinen op zaterdagmorgen in München.
23 personen werden licht en een persoon zwaar gewond. Er waren meer dan 100 leden van politie, brandweer en reddingsdiensten ingezet.
Een van de twee treinen was abusievelijk op de weg richting vliegveld geleid. De treinbestuurder realiseerde deze fout en stopte de trein. De bestuurder van de achteropkomende trein werd te laat attent op de gestopte trein en reed op. Op het moment van het ongeluk heerste dichte mist.

*Wat* is er gebeurd?
*Waar* gebeurde het?
*Wanneer* gebeurde het?
*Wie* was erbij?
*Waarom* gebeurde het?

Dit noemen we de vijf W's. Een goed bericht geeft antwoord op deze vragen. Je zou er ook nog **Hoe** bij kunnen zetten.

  **Geef antwoord op de vragen.**

Hieronder zie je een krantenbericht. Geef antwoord op de vijf W-vragen.

## ROOSENDAAL –

**Drank maakt meer kapot dan je lief is. Soms zelfs de achterdeur van je buurman.**

Daar kwam een vrouw uit Roosendaal achter die zaterdagmorgen rond 08.00 uur met een flinke slok op 'thuis' kwam. Toen haar sleutel niet op de achterdeur bleek te passen, trapte ze die maar in. Buurtbewoners hoorden het glasgerinkel en alarmeerden de politie.

Die kwam ter plaatse en trof de als clown verkleede vrouw in de keuken van de woning aan. Daar kwam ze langzaam tot het besef dat het niet haar keuken was, maar die van de buurman.

 Zoek nu zelf een bericht in de krant en geef antwoord op de vijf W-vragen.

## Een stapje verder

 **Lees de volgende tekst en geef antwoord op de vragen.**

1. Welke voorbeelden voor nieuws worden in de tekst beschreven?
2. Wat maakt een bericht belangrijk?
3. Wat kun je met de informatie uit de krant beginnen?
4. Lees je liever een bericht in de krant of kijk je liever naar het nieuws? Leg uit.

# WAAROM DE KRANT LEZEN?

Op dit moment, terwijl jij in dit boekje leest, gebeurt er van alles. Ergens wordt een nieuwe weg geopend, een belangrijke sportwedstrijd gewonnen, vindt een vliegtuigongeluk plaats of wordt geld ingezameld voor een goed doel. Al deze dingen willen mensen weten, daarom lezen zij de krant.

De krant vertelt wat er in Nederland en in de rest van de wereld gebeurt. De krant kan het nieuws uitgebreid beschrijven en toelichten. En een krant kun je lezen waar en wanneer je maar wilt: lekker languit op de grond, in de trein of als je moet wachten bij de tandarts.

## ■ *WAT IS NIEUWS?*

De krant geeft het nieuws door aan de mensen. Maar wanneer is iets nieuws? Dat jij een tien hebt gehaald op school, staat niet in de krant, al is dat voor jou groot nieuws.
In de kranten staan berichten over gebeurtenissen die bijzonder zijn of die voor veel mensen belangrijk zijn om te weten. Geen nieuws is, dat er gisteren weer geen ongeluk is gebeurd in de straat waarin jij woont of dat er bij de meeste mensen niet is ingebroken. Dat is allemaal heel gewoon. Maar als de luchthaven Schiphol fors wil uitbreiden, is dat nieuws omdat dat voor veel mensen belangrijk is om te weten. Ook nieuws is dat een balletdanser tijdens de voorstelling in de orkestbak valt en daarbij gewond raakt. Dit is een bijzondere gebeurtenis; dat gebeurt niet vaak.

## ■ *WAAROM LEZEN ZOVEEL MENSEN EEN KRANT?*

Door het nieuws te lezen, blijf je op de hoogte van wat er in jouw plaats, in de rest van Nederland of in rest van de wereld gebeurt. Een krant zorgt voor informatie. Informatie is belangrijk om je ergens een mening over te kunnen vormen en om in actie te kunnen komen voor bepaalde dingen. Als je bijvoorbeeld weet dat er ergens op de wereld mensen zijn getroffen door een natuurramp, dan kan je helpen door geld in te zamelen.
Niet alleen de nieuwsberichten geven informatie, maar ook foto's en advertenties doen dat. Een advertentie vertelt je bijvoorbeeld waar je goedkoop een mooie broek kunt kopen of waar ze een nest jonge hondjes hebben.
Als je de krant leest, leer je ook een heleboel dingen. In een artikel over de opvang van straatkinderen in Mexico leer je bijvoorbeeld dat er in Mexico heel veel kinderen op straat aan eten moeten zien te komen. Je leert iets over hun manier van leven en hoe geprobeerd wordt hun situatie iets te verbeteren.
Een krant bestaat niet alleen uit nieuwsberichten. Je vindt er bijvoorbeeld ook foto's, strips, het weerbericht, de televisieprogramma's van die dag en een filmoverzicht. De krant biedt op deze manier service aan haar lezers.

Les 8

73 drieënzeventig

## Een stapje verder: de passieve vorm

  **Lees één van de volgende artikelen.**

Zoek dan een medeleerling die een *ander* artikel heeft gelezen. Vertel hem/haar wat je te weten bent gekomen.

### 'Goedkope' Van Gogh

LONDEN – Vincent van Goghs Portret van Dr. Gachet – eens het duurste schilderij ter wereld – is voor een fractie van de oorspronkelijke waarde verkocht. Het veilinghuis Sotheby's heeft eind vorig jaar 6,2 miljoen pond betaald voor het schilderij, dat in 1990 nog voor 51 miljoen pond was geveild, zo meldt de Britse krant Times onlangs. Verkoper was de bank van de papierfabrieken van de inmiddels overleden Japanner Ryoei Saito, die in 1990 het recordbedrag betaalde.

### Europese fietsroute langs Noordzee geopend

6 mei
HAMBURG - In de Duitse stad Hamburg is zaterdag de eerste Europese fietsroute langs de Noordzee geopend. De bijna 6000 kilometer lange 'North Sea Cycle Route' is het langste fietspad ter wereld. Het gaat door Duitsland, Nederland, Engeland, Schotland, Noorwegen, Denemarken en Zweden.

### Stormen teisteren VS

LOS ANGELES — Zowel het westen als het oosten van de Verenigde Staten wordt geteisterd door zware stormen. In Californië brachten metershoge golven aan de kust zware schade toe aan huizen en wegen. Zware regenval deed verschillende rivieren overstromen, het zuiden van de staat werd getroffen door modderstromen. De storm, een van de zwaarste uit de geschiedenis van Californië, wordt toegeschreven aan het klimatologische El Niño-effect, waarbij weerpatronen op de Stille Oceaan verschuiven.

### 13/07 Dour: twee minderjarigen opgepakt voor vijftien autodiefstallen

In Dour zijn twee jongeren van 17 opgepakt die een vijftiental autodiefstallen en twee vrijwillige brandstichtingen hebben bekend.

De bal ging aan het rollen nadat de politie een teruggevonden gestolen voertuig had doorzocht. Er werden elementen aangetroffen die de agenten bij een meerderjarige brachten. Vervolgens werden de twee minderjarigen bij de lurven gevat, en zij gingen over tot bekentenissen.

## Een stapje verder: de passieve vorm

 **13** **Zoek alle zinnen in de artikelen die gebruik maken van de passiefvorm.**

Schrijf nu de lijst over en vul de zinnen in.

**Let op!**
actief: iemand leest de krant
passief: de krant wordt gelezen

presens

imperfectum

perfectum

futurum

 **14** **Krantenkoppen.**

In krantenkoppen wordt vaak de passieve vorm gebruikt.
Het hulpwerkwoord (*worden* of *zijn*) wordt daarbij vaak weggelaten.

a) Maak van elke krantenkop een volledige zin.
Vergelijk jouw zinnen dan met die van een andere leerling.

### Vlaamse film voor Oscar genomineerd

### Dubbelgangster Máxima ontdekt

### 100 kilo cocaïne gevonden op strand Oostende

### Koninginnedag weer uitbundig gevierd

### Minister: De Vries vermoedelijk binnenkort tot voorzitter benoemd

### Gezochte misdadiger door echtgenote opgepakt

b) Kies een krantenkop en verzin een kort krantenberichtje.
Wie schrijft het leukste/grappigste artikel?

## *Ander*land

# Hartkloppingen
Dendert de trein zo, of heb je?

### Kapotte treindeur
Vrijdagavond 20 juni. Het vonkte in de trein toen de automatische deuren niet meer dicht wilden. Ik stond met mijn witte spijkerjack bij de deur, jij met je donkere haar, zwarte colbert en beige broek zat bij me in de buurt. Was ik maar nooit uitgestapt in Weert! Ik wil je graag nog een keertje zien.
Br.o.nr.R/10/1

### Eindstation Ede-Wageningen
Op 3 juli om 11.06 stapte je in Utrecht op de stoptrein naar Zutphen. Je was druk in de weer met foto's en je kletste wat met je overbuurvrouw terwijl je naar mij glimlachte. Van wat ik heb opgevangen ben je net afgestudeerd. Wat had ik graag mijn telefoonnummer in je hand gedrukt toen je in Ede-Wageningen uitstapte!
Br.o.nr.R/10/6

### Patrick
Jij (blonde chemicus) vertelde dat je Patrick heet en nog maar net in Scheveningen woont. Ben je inmiddels al een beetje gewend? We dachten dat je misschien wat assistentie kon gebruiken als je je voor het eerst in het Haagse nachtleven gaat storten. Zin om een keertje met ons (de twee meisjes van Randstad Polytechniek) te gaan stappen?
Br.o.nr.R/10/10

### Ik Heineken, jij Grolsch
Zaterdag 17 mei, rond 16.00. Jij was op weg naar Den Haag, ik van Utrecht Overvecht naar Utrecht Centraal. Jij dronk Heineken, ik Grolsch. Op de achtergrond rumoer van FC Utrecht-supporters. Een keer samen een pilsje drinken?
Br.o.nr.R/10/13

### Knappe Arabier
Station Hoorn-Kersenbogerd. De trein stopte en ineens stond jij daar. Als ik me niet had vastgegrepen, was ik prompt van mijn stoel gevallen. Die lach, die mooie krullen! De hele rit tot Amsterdam heb ik naar je zitten gluren. Knappe, aan de HTS-Amsterdam studerende Arabier, heb je zin in 1001 nachten?
Br.o.nr.R/2/2

### Stom, stom, stom
We kwamen elkaar tegen in de trein naar Den Helder. Dat was zo gezellig dat we in Den Helder nog lang niet uitgepraat waren. Dus liepen we door de stad en zaten we bij de dijk. Tot ik je weer naar het station bracht. En vergat naar je adres te vragen. Stom, stom, stom! Laat je iets van je horen?
Br.o.nr.R/2/10

(Contact-advertenties uit het NS-tijdschrift *Rails*)

# Samenvatting

## Grammatica

### het passivum

| | | | | | | |
|---|---|---|---|---|---|---|
| ik | word | | we/wij | | | |
| je/jij / u | wordt | gevraagd | jullie | worden | gevraagd | *presens* |
| hij / ze/zij / het | | | ze/zij | | | |
| | word je | | | | | |

| | | | | | | |
|---|---|---|---|---|---|---|
| ik | | | we/wij | | | |
| je/jij / u | werd | gevraagd | jullie | werden | gevraagd | *imperfectum* |
| hij / ze/zij / het | | | ze/zij | | | |

| | | | | | | |
|---|---|---|---|---|---|---|
| ik | ben | | we/wij | | | |
| je/jij / u | bent | gevraagd | jullie | zijn | gevraagd | *perfectum* |
| hij / ze/zij / het | is | | ze/zij | | | |

| | | | | | | |
|---|---|---|---|---|---|---|
| ik | zal | | | | | |
| je/jij | zal/zult | | we/wij | | | |
| u | zult/zal | gevraagd worden | jullie | zullen | gevraagd worden | *futurum* |
| hij / ze/zij / het | zal | | ze/zij | | | |

Les 8

## Uitdrukkingen

De vijf W´s
**Wat** is er gebeurd?
**Waar** gebeurde het?
**Wanneer** gebeurde het?
**Wie** was erbij?
**Waarom** gebeurde het?

# Ik ben erg verkouden!

Basiswoorden: gezondheidsklachten

 **Wie heeft wat?**

de keelpijn   de verkoudheid   de wond   de oorpijn   de hoest   de hoofdpijn
de koorts   de gebroken arm   de buikpijn   de spierpijn

  **Wat hoort er nog meer bij?**

  **Zet de volgende uitdrukkingen in een logische volgorde en schrijf ze op.**

recept krijgen

afspraak maken

medicijn halen in de apotheek

de dokter spreken

onderzocht worden

ziek zijn

Beterschap!

de dokter bellen

vragen stellen aan de dokter

# Aandacht voor: bij de dokter

 **Wat hoort bij elkaar?**

Een patiënte spreekt eerst met de assistente en dan met de dokter.
Welke antwoorden horen bij welke vragen? Schrijf op.

Kan ik voor vanmiddag een afspraak maken?

Ja, als ik hoest doet alles zeer!

Is het erg dringend, want we hebben vanmiddag geen spreekuur?

Nee hoor! Tot ziens en beterschap!

Ja, mijn assistente geeft je dan de rekening mee en die dien je thuis bij het ziekenfonds in.

Wat kan ik voor je doen?

Ben je patiënte bij ons?

Heb je ook spierpijn?

Nee, maar ik heb koorts en ben erg verkouden. Daarom wilde ik even langskomen.

Moet ik de rekening meteen betalen?

En verder hoef ik niets te doen?

Ik ben sinds twee dagen erg verkouden en heb ook hoofdpijn.

 **Luister.**  32

a) Luister nu naar de volgende dialogen en controleer of je het goed hebt gedaan.
b) Beantwoord de volgende vragen.

1. Waarom is het niet mogelijk meteen te komen?
   a) Loes is geen patiënte van de dokter.
   b) De dokter heeft geen spreekuur.
   c) De dokter is ziek.

2. Wat heeft de patiënte volgens de dokter?
   a) Alleen maar hoofdpijn.
   b) Een flinke griep.
   c) Spierpijn.

3. Wat raadt de dokter aan?
   a) Een paar dagen in bed te blijven.
   b) Medicijnen.
   c) Beterschap.

# Een stapje verder

 **Welk antwoord hoort bij welke vraag?**

1. Waarom maakt Loes een afspraak bij de dokter?
2. Waarom kan ze niet meteen langskomen?
3. Waarom heeft ze hoofd- en spierpijn?
4. Waarom stelt de dokter zich voor?
5. Waarom krijgt ze een rekening?

Omdat de dokter geen spreekuur heeft.
Omdat ze meteen moet betalen.
Omdat ze zich niet lekker voelt.
Omdat ze elkaar niet kennen.
Omdat ze griep heeft.

  **Maak zinnen met *want* en *daarom*.**

→ Loes maakt een afspraak bij de dokter want ze is erg verkouden.
Loes is erg verkouden – daarom wil ze een afspraak maken.

 **Welk advies voor welk probleem?**

**Probleem**  **Advies**

buikpijn
hoofdpijn
oorpijn
kiespijn
diarree
insectensteken
reisziekte
slapeloosheid

geen alcohol   tanden goed poetsen   aspirine slikken
geen vet eten   veel slapen   in bed blijven   warm houden
regelmatig naar de tandarts gaan   druppeltjes innemen
niet snoepen   meer eten   minder eten
thee drinken   …

→ Als je buikpijn hebt moet/mag je …

  **En jij?**

Stel vragen aan je medeleerlingen.

1. Waarom ben je de laatste keer naar de dokter gegaan?
2. Wat heeft de dokter je geadviseerd?
3. Moest je medicijnen innemen?
4. …
5. …

→ En waarom ben jij de laatste keer naar de dokter gegaan?
– Ik ben vorige week naar de dokter gegaan omdat ik me niet goed voelde.
…

# Een stapje verder: Een telefongesprek

 **Voer een gesprek.**

Situatie: Luc en Heleen hebben voor vanavond een afspraak om uit te gaan.
Helaas is Luc ziek geworden. Hij belt Heleen op om af te zeggen.
Voer dit gesprek samen met je partner.

| Luc | Heleen |
|---|---|
| | Neem de telefoon op. |
| Zeg wie je bent en dat je vanavond niet kunt komen. | |
| | Vraag wat er aan de hand is. |
| Zeg dat je je niet zo lekker voelt. | |
| | Vraag of Luc bij de dokter is geweest. |
| Zeg dat je vanmorgen bij de dokter geweest bent. Vertel ook wat de dokter gezegd heeft. | |
| | Zeg dat je kort geleden hetzelfde had. Vertel ook wat je toen gedaan hebt. Vraag of Luc wil dat je nog even bij hem langs komt. |
| Zeg dat je dat heel fijn zou vinden. | |
| | Vraag wanneer hij je verwacht en of je nog iets mee moet brengen. |
| Zeg dat je eerst nog een paar uur gaat slapen. Zeg wanneer Heleen langs kan komen. Zeg ook dat zij niets mee hoeft te brengen. | |
| | Wens Luc beterschap en geef nog een goed advies. |
| Bedank voor het advies. | |

**Les 9**

## *Ander*land

# Iets meer tienermoeders

In 1999 kregen tieners ruim 2 300 kinderen. Meer dan de helft van deze tienermoeders was op het moment van de geboorte 19 jaar oud. Eén op de vijf was jonger dan 18 jaar.

In het begin van de jaren zeventig kregen vrouwen jonger dan 20 jaar jaarlijks meer dan 9 000 kinderen. Halverwege de jaren negentig was dat aantal gedaald tot 1 900. Na 1996 is het aantal tienermoeders weer iets toegenomen.

Naar verhouding zijn er minder tienermoeders dan vroeger. Had een kwart eeuw geleden één op de vijfentwintig pasgeboren kinderen in Nederland een tienermoeder, momenteel geldt dit voor één op de honderd. Vooral onder Turkse meisjes is halverwege de jaren negentig het aantal tienermoeders flink gedaald. Turkse vrouwen trouwen relatief jong. Naar verhouding zijn er daardoor meer tienermoeders onder de in Turkije geboren vrouwen dan bij andere allochtone groepen. Ook onder Marokkaanse tieners is het aantal geboorten in die periode afgenomen.

**Van de tieners die in 1999 een kind kregen was 60% allochtoon. Bijna 40% behoorde tot de eerste generatie allochtonen. De tweede generatie allochtone teenagers wordt veel minder vaak op jonge leeftijd moeder dan de eerste generatie. Zo zijn er onder Turkse meisjes van de eerste generatie vijf keer zoveel tienermoeders als onder meisjes van de tweede generatie. De jongste Surinaamse meisjes vormen echter een uitzondering.** (*www.cbs.nl*)

*Kijk ook op http://www.tienermoeders.nl/*

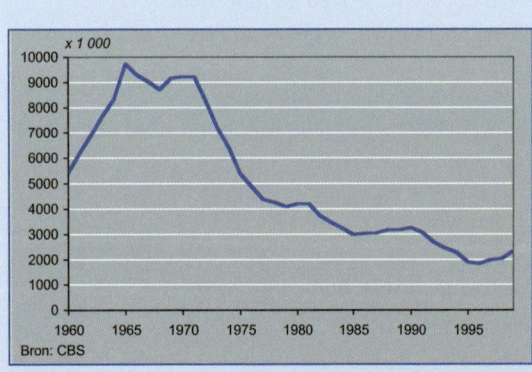

*Levendgeborenen uit vrouwen jonger dan 20 jaar*

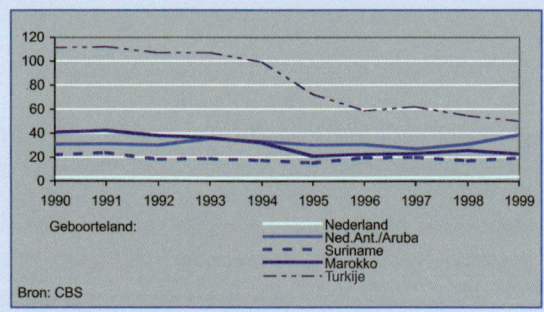

*Levendgeborenen per 1000 vrouwen 15-19 jaar*

# Samenvatting

## Grammatica

### Volgorde

Ze krijgt een rekening **omdat** ze meteen moet betalen.
Ze krijgt een rekening **want** ze moet meteen betalen.
Ze moet meteen betalen – **daarom** krijgt ze een rekening.

Ze maakt een afspraak bij de dokter **omdat** ze erg verkouden is.
Ze maakt een afspraak bij de dokter **want** ze is erg verkouden.
Ze is erg verkouden – **daarom** maakt ze een afspraak bij de dokter.

## Uitdrukkingen

Kan ik voor vanmiddag een afspraak maken?
Ik heb koorts en ben erg verkouden. Daarom wilde ik even langskomen.
Ik ben sinds twee dagen erg verkouden en ik heb ook hoofdpijn.
Als ik hoest doet alles zeer!
Moet ik de rekening meteen betalen?
Mijn assistente geeft je de rekening mee en die dien je thuis bij het ziekenfonds in.
Beterschap!

# Nederland en de wereld
## Basiswoorden: landen en producten

  **1  Wat kwam waar vandaan?**

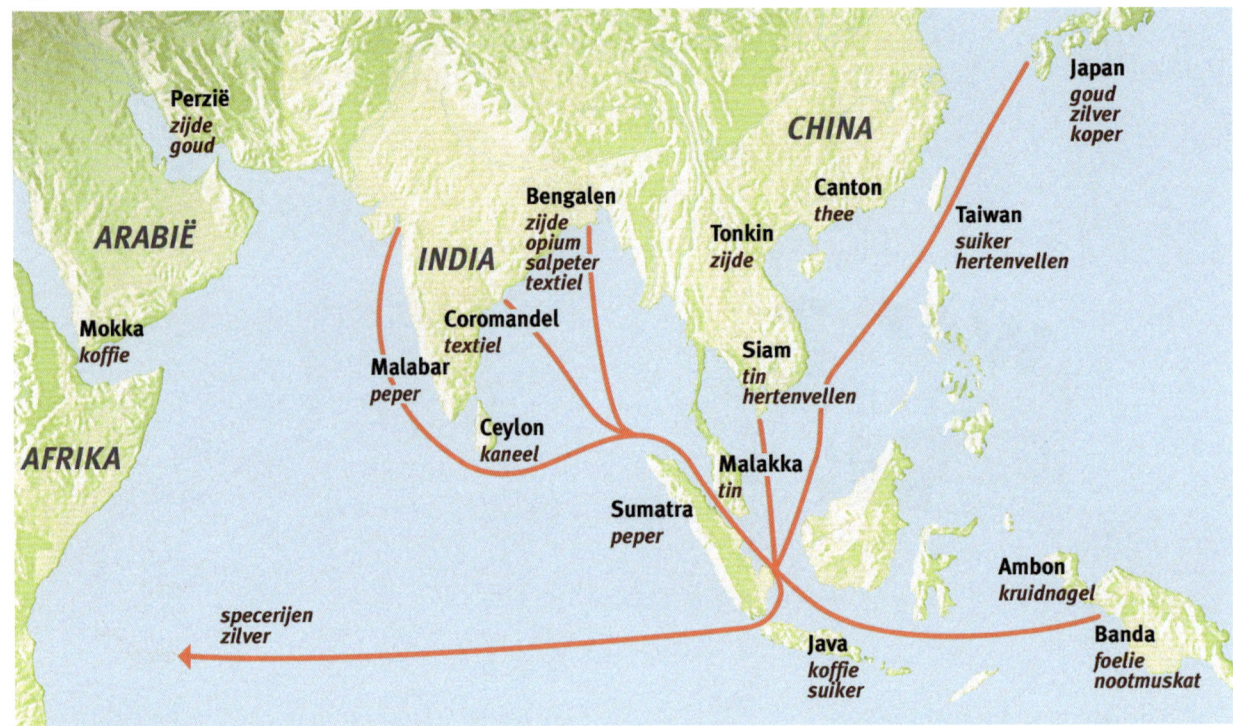

de kruidnagel · de thee · de peper · de foelie · de koffie · de salpeter
het goud · de suiker · de nootmuskaat · de hertenvellen · het/de opium · de koper
de zijde · het tin · het zilver · het/de textiel · het/de kaneel · de specerij

→ *Goud kwam uit Japan en Perzië.*

  **2  Waarvoor gebruik je het?**

Schrijf bij elk product in een zin op waarvoor men het gebruikt(e).

1. peper       a. om dorst te lessen
2. kaneel      b. om borden, lepels en vorken te maken
3. salpeter    c. om het eten pittiger te maken
4. tin         d. om appeltaart of koekjes smaak te geven
5. zijde       e. om buskruit te maken
6. thee        f. om kleren te maken

  **3  Schrijf de namen van nog minstens tien andere vreemde landen op.**

# Aandacht voor: koloniaal verleden

 **4  Luister.**
**Het koloniale verleden van Nederland.**  34

Nederland is van oudsher een multi-etnische maatschappij. In hoeverre dit met het koloniale verleden van Nederland en de Verenigde Oostindische Compagnie die 400 jaar geleden in Den Haag werd opgericht te maken heeft, hoor je in het volgende verhaal.
Luister eerst en schrijf vervolgens het goede antwoord/de goede antwoorden op.

1. De VOC werd opgericht in
   a) de zestiende eeuw.
   b) de zeventiende eeuw.
   c) de achttiende eeuw.

2. De VOC was verantwoordelijk voor
   a) de vakantiebestemmingen van de Nederlandse zeevaarders.
   b) de handel met Amerika.
   c) de handel met het oosten.

3. De VOC en de WIC hebben sporen achtergelaten in
   a) Indonesië.
   b) de huidige Republiek Zuid-Afrika.
   c) Turkije.

4. Na een bloedige oorlog werd Indonesië onafhankelijk.
   a) Dat gebeurde in 1949.
   b) De onafhankelijkheid begon in 1976.
   c) Dat was in 1994.

5. Tegenwoordig behoren als enige overzeese gebieden nog bij het Koninkrijk der Nederlanden
   a) Aruba.
   b) Suriname.
   c) de Nederlandse Antillen.

6. De banden tussen Nederland en de vroegere kolonies
   a) zijn volledig verdwenen.
   b) bestaan nog op diplomatiek gebied.
   c) zijn in economisch opzicht nog heel nauw.

7. Nederlands wordt nog gesproken
   a) in Indonesië.
   b) op de Nederlandse Antillen.
   c) in Zuid-Afrika.

 **5  Schrijf het verhaal in eigen woorden op.**

Luister indien nodig nog een keer naar het verhaal,
maak aantekeningen en schrijf het dan op.
Gebruik ook de antwoorden van oefening 4.

# Een stapje verder: vlotte spreektaal

 **6  Chinees eten in Nederland**

Als je een doorsnee Nederlander naar een traditioneel Nederlands gerecht vraagt, krijg je waarschijnlijk – na een korte aarzeling – als antwoord: bruine bonen, stamppot of erwtensoep.
Maar dat is echt niet alles, want een belangrijk gedeelte van de Nederlandse keuken vind je bij de Chinees. Dat is de liefdevolle beschrijving van een Chinees of Indonesisch-Chinees restaurant. Wat voor een Duitser de pizza is en voor een Amerikaan de hotdog, dat is voor een Nederlander een loempia of een portie nasi goreng met kroepoek. Dat kun je in het restaurant eten of afhalen en thuis eten.

 **7  Wat hoort bij elkaar?**

Wat betekenen de volgende spreektaal-uitdrukkingen?

| spreektaal | normale taal |
|---|---|
| Een lekkere loempia zal er wel ingaan! | Ik heb genoeg gehad. |
| Dat loopt aardig op! | Ik doe iets goeds voor jullie. |
| Ik plof! | Ik heb zin in … |
| Ben je betoeterd? | Dat kost veel geld. |
| Ik snak naar … | Ik heb trek in een … |
| Ik zal een royaal gebaar maken. | Ik heb heel veel honger. |
| Ik rammel van de honger! | Ben je gek? |

 **8  Lees het stripverhaal.**

 Lees nu het stripverhaal op de volgende bladzijde en vertel het vervolgens in eigen woorden na.

 **9  Zoek iemand die …**

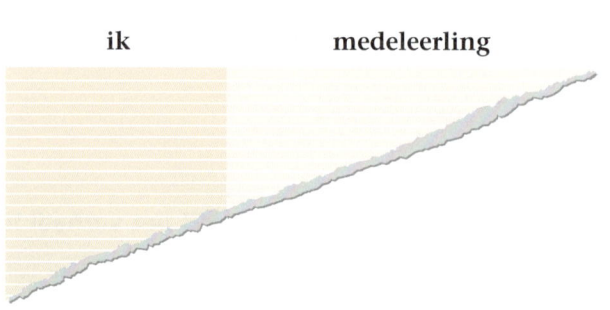

|  | ik | medeleerling |
|---|---|---|
| soms Chinees/Indonesisch eet. | | |
| behalve Nederlands nog andere vreemde talen spreekt. | | |
| in het buitenland heeft gewoond. | | |
| vrienden in het buitenland heeft. | | |
| in het buitenland met vakantie is geweest. | | |

# Een stapje verder: vlotte spreektaal

## Jan, Jans en de kinderen

# Extra: schrijversportret

**10 Van Indische afkomst.**

boeken • over mijn werk • open atelier • poëzie • films

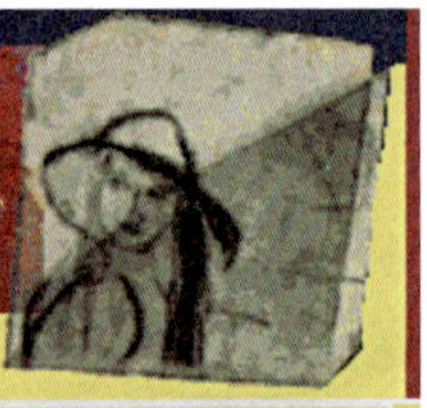

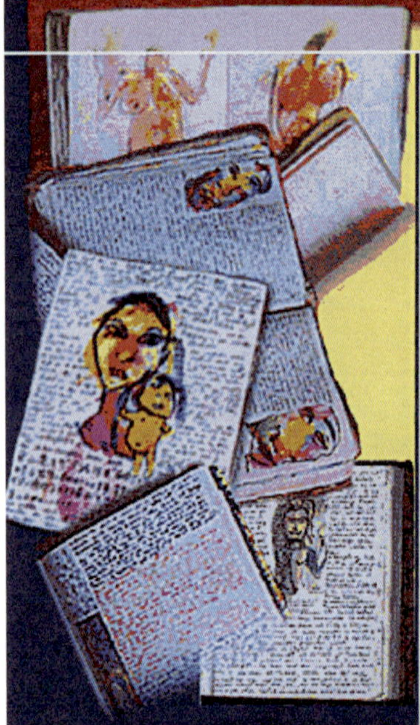

meer over Marion | Marion Bloem op het web | Download cv

Lopende projecten

## Marion Bloem

Geboren 24 augustus 1952 te Arnhem. Kind van Indische ouders die in december 1950 naar Nederland zijn gekomen. Lagere school te Soesterberg. Opleiding: HBS-A te Amersfoort. Afgestudeerd als klinisch psychologe in 1978 te Utrecht.

Woont samen met arts/schrijver **Ivan Wolffers** sinds 14 juni 1971. Geboorte van zoon Kaja op 11 februari 1973. Ze schreef haar eerste verhaal op haar zesde. Publiceerde haar eerste korte verhaal op haar zestiende. (Zie de verhalenbundel *Vliegers onder het matras.*) Reisde de hele wereld rond (Zie *Muggen, mensen, olifanten*).

Haar eerste jeugdboekjes *(Spotjes)*verschenen in 1975. Ze publiceerde haar eerste boek *(Overgang)* voor volwassenen in 1978. Haar eerste jeugdroman *(Waar schuil je als het regent)* verscheen in 1978.

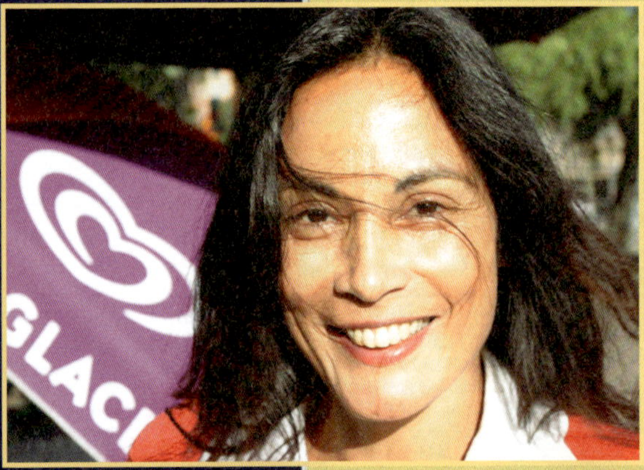


In 1983 werd haar romandebuut *Geen gewoon Indisch meisje* een bestseller, en in 1983 verscheen ook haar documentaire *Het land van mijn ouders* waarmee ze wekenlang uitverkochte zalen haalde in Nederlandse filmhuizen, en die door de IKON werd uitgezonden. De film bleef niet onopgemerkt in het buitenland (mention). Naast een groot aantal romans, verhalen-, en dichtbundels, jeugdromans en kinderboekjes, maakte zij een aantal opvallende film en tv-produkties.

Ze ziet literatuur als haar echtgenoot, film als haar beste vriend, en de beeldende kunst als haar minnaar.

## Extra: een uitstapje in de literatuur

 **11** **Marion Bloem** *Geen gewoon Indisch meisje*

De roman *Geen gewoon Indisch meisje* gaat over een Indisch meisje in Nederland dat op zoek is naar haar identiteit. Ze is een gespleten persoonlijkheid: in haar fantasie bestaat zij uit twee zusjes, Zon en Sonja, die allebei een kant van haar persoonlijkheid vertegenwoordigen. Sonja is de verstandige, koele, Nederlandse kant: zij heeft zich helemaal aangepast aan de Hollandse taal en cultuur om "erbij te horen". Voor haar Indische achtergrond schaamt zij zich: zij wil die zoveel mogelijk verdoezelen.
Zon is de warme, impulsieve Indische kant: zij is juist op zoek naar haar Indische achtergrond en wil haar Indische identiteit behouden. In het meisje leveren Zon en Sonja voortdurend strijd: het meisje is op zoek naar haar plaats tussen twee culturen.

In het volgende fragment herinnert zich Zon een ontmoeting met een Indisch uitziend meisje:

*"Ben jij Indisch?" vraag ik als ze me aankijkt. Ik vind het leuk met haar aan dezelfde tafel terechtgekomen te zijn op de kerstavond. Heb bewondering voor haar werk. Ze springt eruit. Zit in het tweede jaar. Ze zeggen dat ze ambitieus is, zoals ze vaak zeggen van Indischen. Ik heb gezien dat ze hard werkt. Heb wel eens lang naast haar gestaan, haar observerend, in de hoop dat ze zou kijken. Even praten. Indischen onder elkaar.*
*"Nee." Een kort antwoord.*
*"O, wat gek, lijkt net." Oprechte verbazing van mijn kant.*
*"Ik ben halfbloed." Een trotse mond. Waardoor een snor ontstaat. Haar kin iets opgeheven.*
*"Mijn vader is volbloed Nederlander."*
*"En je moeder?"*
*"Die is Indonesisch." (Later, twee jaar later, zie ik haar met haar moeder in de stad lopen, en ik zie dat haar moeder Indonesisch is, net als zij.)*
*"Dat heet Indisch."*
*"Nee hoor, ik ben niet Indisch. Weet ik zeker. Hebben ze me zo vaak gevraagd. Ik ben het niet. Mijn vader zegt van niet. Ik ben alleen maar half van daar.' Ze wendt zich af. Schaamte. Teleurstelling. Niet wetend waarom. Ze wil haar voortaan ontlopen. Haat zichzelf om haar aangeboren sympathie voor dit meisje.*

Lees eerst de hele tekst en lees daarna samen met een partner het fragment als dialoog. Waarom is het voor dit meisje zo belangrijk om te zeggen dat ze halfbloed is?

 **12 Speel nu deze scène.**

Voordat je de scène met je partner speelt, maak duidelijke afspraken.

## *Ander*land

# Minderheden in Nederland

In Nederland is circa 18,8%[1] van de bevolking uit het buitenland afkomstig. Daarbij gaat het om personen uit de landen rond de Middellandse Zee, die in Nederland zijn komen werken, uit de (voormalige) overzeese gebiedsdelen Indonesië, Suriname en de Nederlandse Antillen. Het aantal allochtonen* neemt nog toe: door geboorteaanwas, door gezinshereniging en gezinsvorming en door de komst van grote aantallen asielzoekers naar Nederland. Het minderhedenbeleid* is gericht op de opvang en inburgering van de nieuwkomers. Het inburgeringsbeleid heeft een sterk preventief karakter. Getracht wordt in een zo vroeg mogelijke fase van het integratieproces problemen te voorkomen. Behalve in de opvang van nieuwkomers uit zich dat in maatregelen gericht op allochtone jongeren en hun ouders in de voor- en buitenschoolse sfeer. Daarnaast wordt de acceptatie van de multiculturele samenleving bevorderd, wat de samenleving toegankelijker maakt voor allochtonen.

**Raja Massaoui** (Marokko)
Miss Nederland 2000

**Frank Rijkaard** (Suriname)
voetballer, voormalige bondscoach

**Claus von Amsberg** (Duitsland)
prins der Nederlanden, † 2002

[1] *bron: CBS 2003*
*\*allochtoon (de ~ (m.); iemand die afkomstig is uit een ander land, of wiens familie afkomstig is uit een ander land; het tegenovergestelde van 'autochtoon'*

*\*beleid (het ~ ); manier waarop je een belangrijke zaak aanpakt, politiek*

*uit een publicatie van het Ministerie van Justitie*

# Samenvatting

## Grammatica

### nationaliteiten

| land | adjectief | mannelijke inwoner | vrouwelijke inwoner |
|---|---|---|---|
| Griekenland | Grieks | Griek | Griekse |
| Amerika | Amerikaans | Amerikaan | Amerikaanse |
| China | Chinees | Chinees | Chinese |
| Italië | Italiaans | Italiaan | Italiaanse |
| België | Belgisch | Belg | Belgische |
| Marokko | Marokkaans | Marokkaan | Marokkaanse |
| Zuid-Afrika | Zuid-Afrikaans | Zuid-Afrikaan | Zuid-Afrikaanse |
| Spanje | Spaans | Spanjaard | Spaanse |
| Indonesië | Indonesisch | Indonesiër | Indonesische |
| Rusland | Russisch | Rus | Russische |
| Engeland | Engels | Engelsman | Engelse |
| Frankrijk | Frans | Fransman | Française |
| Turkije | Turks | Turk | Turkse |

### Uitdrukkingen

Dat lust ik (niet).
Spreek je behalve Nederlands nog andere vreemde talen?
Ze is van Indische afkomst.
Meer dan vierhonderd jaar geleden werd de VOC opgericht.

### spreektaal

Een lekkere loempia zal er wel ingaan!
Dat loopt aardig op!
Ik plof!
Ben je betoeterd?
Ik snak naar …
Ik rammel van de honger!

## 14 (pagina 11) Zoek samen de verschillen.

**Partner B:** Je ziet hier een aantal levensmiddelen op het plaatje. Op het plaatje van jouw partner staan ook levensmiddelen, maar niet allemaal dezelfde. Probeer door vragen te stellen te weten te komen hoeveel verschillen er zijn.
Formuleer vragen op deze manier:

→ *Heb je een paar bananen op jouw plaatje?*
   *– Ja, inderdaad. / Nee, ik heb geen bananen. Heb je …?*

# Anhang

# Wörterverzeichnis nach Lektionen

Vor dem Wörterverzeichnis der Lektion befindet sich jeweils eine Liste mit neu eingeführten Arbeitsanweisungen.
Die mit Stern gekennzeichneten Verben haben unregelmäßige Vergangenheitsformen.
Eine Liste der wichtigsten unregelmäßigen Verben befindet sich im Arbeitsbuch. Artikel, die im Niederländischen anders sind als im Deutschen, sind fett gedruckt.
Die Vokabeln zu *Anderland* dienen in der Hauptsache dem besseren Textverständnis.

## Lektion 1

| Overleg met een medeleerling welke boodschappen er voor het verjaardagsfeestje in huis gehaald moeten worden. | Du hast Geburtstag. Besprich mit einem Mitschüler, welche Einkäufe für die Geburtstagsfeier geholt werden müssen. |
|---|---|

**Ü**
| | |
|---|---|
| aan de beurt zijn* | an der Reihe sein |

**1**
| | |
|---|---|
| het halfje wit | das halbe Weißbrot |
| de peer | die Birne |
| de ansichtkaart | die Ansichtskarte |
| de perzik | der Pfirsich |
| de komkommer | die (Salat-)Gurke |
| de telefoonkaart | die Telefonkarte |
| de lipstick | der Lippenstift |
| het gehakt | das Hackfleisch/Gehackte |
| de aspirine | das Aspirin |
| **het** tijdschrift | **die** Zeitschrift |
| de vleeswaren | die Fleisch-/Wurstwaren |
| de strippenkaart | der Mehrfahrtenfahrschein |
| de wortel | die Möhre |
| de tandpasta | die Zahnpasta |
| de kalkoen | der Truthahn/die Pute |
| de taart | die Torte |
| de envelop | der Briefumschlag |
| de zeep | die Seife |

**2**
| | |
|---|---|
| de groenteboer | der Gemüsehändler |
| de bakker | der Bäcker |
| de slager | der Metzger |
| de boekwinkel | die Buchhandlung |
| de drogist | die Drogerie |

**3**
| | |
|---|---|
| het wasmiddel | das Waschmittel |

**5**
| | |
|---|---|
| de lokettist(e) | der/die Schalterbeamte/-in |

**6**
| | |
|---|---|
| een nummertje trekken (ik trek een nummertje) | eine Nummer ziehen (ich ziehe eine Nummer) |
| de briefkaart | die Postkarte |
| het pakje | das Päckchen |
| erop | darauf |
| **het** loket | **der** Schalter |
| jeetje | oh je |
| hiernaast | nebenan |
| Nou, vooruit dan maar. | Na, gut. |

**7**
| | |
|---|---|
| de kaasboer | der Käsehändler |
| het stuk | das Stück |
| belegen | mittelalt |
| de Goudse | der Goudakäse |
| **de** aanbieding | **das** Angebot |
| nee hoor | nein (betont) |
| de boerenkaas | der Bauernkäse |
| proeven (ik proef) | probieren (ich probiere) |
| pittig | pikant |
| het kilo | das Kilo |
| het pond(je) | das Pfund |
| wegen*(ik weeg) | wiegen (ich wiege) |
| het gram | das Gramm |
| iets | ein bisschen |
| de brie | der Brie (franz. Weichkäse) |
| anders | anders, (hier:) sonst, außerdem |

**8**
| | |
|---|---|
| de appel | der Apfel |
| kleintjes | Kleine |
| de snijboon | die Schnittbohne |
| rijp | reif |
| hard | (hier:) hart |
| kleingeld | Kleingeld |
| hè | nicht wahr? |
| Daag! | Wiedersehen! |

**9**
| | |
|---|---|
| gesneden (snijden*) | geschnitten (schneiden) |
| de taartpunt | das Stück Kuchen |
| het roomboterkoekje | das Butterplätzchen |
| weinig | wenig |
| gepast | passend |
| enige | einige |
| sommige | manche |

**11**
| | |
|---|---|
| het stokbord | das Baguette |

**12**
| | |
|---|---|
| het zakje | die Tüte |
| de pot | das Glas |
| de beker | der Becher |
| **de** literpak | **das** Paket |
| de tube | die Tube |
| de vla | der Pudding |
| **de** drop | **das** Lakritz |
| de tonijn | der Thunfisch |
| de mosterd | der Senf |
| de chocolademelk | der Kakao |

**14**
| | |
|---|---|
| het levensmiddel | das Lebensmittel |
| de aardappel | die Kartoffel |

# Wörterverzeichnis nach Lektionen

## 15
| | |
|---|---|
| het boodschappenlijstje | die Einkaufsliste |
| de winkelier | der Ladenbesitzer |

## 16
| | |
|---|---|
| het gebaar | die Geste, Gebärde |
| het sprookje | das Märchen |
| de vertelling | die Erzählung |
| groeien | wachsen |
| het arbeidersgezin | die Arbeiterfamilie |
| de viool | die Violine |
| de zang | der Gesang |
| de muziekpedagogie | die Musikpädagogik |
| het theaterdebut | das Theaterdebüt |
| muzikaal | musikalisch |
| clowneske | komisch, lustig |
| het soloprogramma | das Solo/Einzelprogramm |
| sindsdien | seitdem |
| de voorstelling | die Vorstellung |
| de taal | die Sprache |
| het bundeltje | das (kleine) Bündel |
| de vers | der Vers, das Gedicht |
| publiceren (ik publiceer) | veröffentlichen (ich veröffentliche) |
| beroemd | berühmt |
| het geesteskind | der geistige Nachfolger |
| uitgeven (ik geef uit) | herausgeben (ich gebe heraus) |
| inmiddels | mittlerweile |
| vertalen (ik vertaal) | übersetzen (ich übersetze) |
| verschijnen* | erscheinen |
| heden | heute |
| zestigtal | um die sechzig |
| tiental | zig |
| het scenario | der Handlungsort/ Umgebung |
| onder meer | unter anderem |
| de speelfim | der Spielfilm |
| de nachvlinder | der Nachtfalter |
| de muziektheater-voorstelling | die Musiktheatervorstellung |

## 17
| | |
|---|---|
| de radijs | das Radieschen |
| de tong | die Zunge, (hier vermutlich:) Seezunge |
| de krop | der Kopf (Salat) |
| de reep | der (Schoko-)Riegel |
| grof | grob |
| het maggieblokje | der Brühwürfel (von Maggie) |
| de botervloot | die Butterdose, das Butterschiffchen |
| het kwart | das Viertel |
| de slagroom | die Sahne |
| de kauwgom | das Kaugummi |
| het biefstuk | das Beefsteak |
| de bloemkool | der Blumenkohl |
| de hagelslag | die (Zucker-/Schoko-)Streusel |

## 19
| | |
|---|---|
| gezond | gesund |
| de tabel | die Tabelle |
| het voedingsmiddel | das Nahrungsmittel |
| noodzakelijk | notwendig |
| onmisbaar | unverzichtbar |
| de macaroni | die Makkaroni |
| de peulvrucht | die Hülsenfrucht |
| het zetmeel | die Stärke |
| het eiwit | das Eiweiß |
| de voedingsvezel | der Ballaststoff |
| de vitamine | das Vitamin |
| het mineraal | der Mineralstoff |
| het melkproduct | das Milchprodukt |
| de tahoe | das Tofu |
| de kalk | das Calcium |
| het ijzer | das Eisen |
| de margarine | die Margarine |
| de halvarine | die Halbfettmargarine |
| tenminste | zumindest |

## 20
| | |
|---|---|
| de test | der Test |
| de hoeveelheid | die Menge |
| de tiener | der Teenager |
| voortaan | in Zukunft |
| het sneetje | das Schnittchen |
| de groentelepel | (hier:) der Esslöffel |
| de vrucht | die Frucht |
| de plak | die Scheibe |
| de tempé | der Kuchen aus Soja |

## Anderland
| | |
|---|---|
| wel eens | schon mal |
| de caissière | die Kassiererin |
| zich afvragen* | sich fragen |
| betekenen | bedeuten |
| de zegel | die Sparmarke |
| de spaarzegel | die Sparmarke |
| de consument | der Verbraucher |
| dol zijn op | versessen sein auf, verrückt sein nach |
| het voordeeltje | der Vorteil, kleine Profit |
| de airmiles | die Vielfliegerprämie |
| de kristalzegel | die Marke für Kristallgläser |
| de spaarpunt | der Sparpunkt |
| de/het waspoeder | das Waschpulver |
| een bepaald besteed bedrag | ein bestimmter ausgegebener Betrag |
| begrijpen* | verstehen |
| sparen | sparen |
| de vliegreis | die Flugreise |
| het retourtje | die Rückfahrkarte |
| Londen | London |
| dat komt overeen met | das ist gleichzusetzen mit |
| de oorlog | der Krieg |
| bestonden er al (bestaan*) | gab es schon |

1 – 10

# Wörterverzeichnis nach Lektionen

| | |
|---|---|
| de zegelactie | die Sparmarkenaktion |
| de rage | die große Mode, die Manie |
| na die tijd | danach |
| het extraatje | die Zugabe, die Sonderleistung |
| tanken | tanken |
| inruilen | eintauschen |
| kleine dingetjes (het dingetje) | der Kleinkram |
| nieuwst | neuest |
| de bonuskaart | die Bonuskarte |
| waarmee | womit |
| de korting | der Rabatt |
| de kassa | die Kasse |
| daaraan meedoen* | dabei mitmachen |
| steevast | immer wieder, grundsätzlich |

## Lektion 2

| | |
|---|---|
| Welke foto past bij welke omschrijving? | Welches Foto passt zu welcher Umschreibung? |
| Wat ga je vandaag na school doen of wat juist niet? | Was wirst du heute nach der Schule tun und was gerade nicht? |
| Beeld een activiteit uit. | Stelle eine Aktivität dar. |
| Stel een medeleerling vragen over zijn/haar droomhuis/woning en schrijf de antwoorden op. | Stelle einem Mitschüler/einer Mitschülerin Fragen über sein/ihr Zimmer und schreibe die Antworten auf. |

**Ü**

| | |
|---|---|
| bij ons thuis | bei uns zu Hause |
| de woning | die Wohnung |

**1**

| | |
|---|---|
| het gebouw | das Gebäude |
| de etage | das Stockwerk |
| de 3-kamerwoning | die Drei-Zimmer-Wohnung |
| vrijstaand | freistehend |
| de verdieping | das Stockwerk |
| de tuin | der Garten |
| eromheen | da herum |
| het rijtjeshuis | das Reihenhaus |
| gemeenschappelijk | gemeinsam |
| de twee-onder-één-kap | die Doppelhaushälfte |
| aaneengebouwd | aneinander gebaut |
| doorlopend | durchgehend |
| het dak | das Dach |
| de woonboot | das Hausboot |
| omgebouwd (ombouwen) | umgebaut |
| de boot | das Boot |
| de boerderij | der Bauernhof |
| het platteland | das Land |
| de stal | der Stall |
| de schuur | die Scheune |

**2**

| | |
|---|---|
| de slaapkamer | das Schlafzimmer |
| de kinderkamer | das Kinderzimmer |
| de gang | der Flur |
| de woonkamer | das Wohnzimmer |
| het balkon | der Balkon |
| de wc | das WC |
| de badkamer | das Badezimmer |
| het toilet | die Toilette |
| de logeerkamer | das Gästezimmer |
| de werkkamer | das Arbeitszimmer |
| binnenkomen* | hereinkommen |
| de kleren | die Kleidung |
| ophangen* | aufhängen |
| knutselen | basteln, werkeln |

**3**

| | |
|---|---|
| verhuizen (ik verhuis) | umziehen (ich ziehe um) |
| licht | hell |
| rustig | ruhig |
| lawaaierig | laut |
| ongezellig | ungemütlich |
| de garage | die Garage |
| goedkoop | billig, preiswert |

**4**

| | |
|---|---|
| het plan | der Plan |
| de uitnodiging | die Einladung |
| Hou op! (ophouden*) | Hör auf! (aufhören) |
| de koffer | der Koffer |
| pakken (ik pak) | packen (ich packe) |
| Wat ben je van plan? | Was hast du vor? |
| morgen | morgen |
| over twee weken | in zwei Wochen |
| hoger | höher |
| de schoolreis | die Klassenfahrt |
| waarvoor | weswegen? |
| mee-eten* (ik eet mee) | mitessen (ich esse mit) |
| pizza bakken (ik bak pizza) | Pizza backen (ich backe Pizza) |
| schilderen | streichen |

**5**

| | |
|---|---|
| het tijdstip | der Zeitpunkt |

**6**

| | |
|---|---|
| het telefoongesprek | das Telefongespräch |

**8**

| | |
|---|---|
| de visite | der Besuch |
| paardrijden | reiten |

**9**

| | |
|---|---|
| behalve | außer |
| niemand | niemand |
| Arnhem | Arnheim |

**10**

| | |
|---|---|
| zingen* | singen |
| de piano | das Klavier |
| timmeren | zimmern |
| zagen (ik zaag) | sägen (ich säge) |

**13**

| | |
|---|---|
| ouder | älter |

# Wörterverzeichnis nach Lektionen

| | |
|---|---|
| mooier | schöner |
| duurder | teurer |
| minder | weniger |

**14**

| | |
|---|---|
| het droomhuis | das Traumhaus |
| de klerenkast | der Kleiderschrank |
| m² = vierkante meter | Quadratmeter |

**15**

| | |
|---|---|
| de kelder | der Keller |
| de zolder | der Dachboden |
| de fietsschuur | der Fahrradschuppen |
| de sauna | die Sauna |
| **het** terras | **die** Terrasse |

**16**

| | |
|---|---|
| de open haard | der Kamin |
| het centrum | das Zentrum, die Ortsmitte |

*Ander*land

| | |
|---|---|
| met z'n beien | (veraltet) zu zweit |
| allicht | sicher doch |
| Hij houdt z'n wafel dicht. | Er hält die Klappe. |
| bijten* | beißen |
| de scooter | der Roller |
| Waar ga je heen? | Wo gehst du hin? |
| kamperen (ik kampeer) | zelten (ich zelte) |
| malle kleren | verrückte Kleidung |
| zwijgend (zwijgen*) | schweigend (schweigen) |
| zich opvreten (ich vreet me op) | sich verzehren, vergehen (vor Sorge) (ich verzehre mich) |
| helaas | leider |
| de plas | die Pfütze, (hier:) der See |
| roeien | rudern |

## Lektion 3

**Ü**

| | |
|---|---|
| Toen was het zo gezellig. | Damals war es so gemütlich. |
| de meubels | die Möbel |

**1**

| | |
|---|---|
| de lamp | die Lampe |
| de boekenkast | der Bücherschrank |
| **het** bureau | **der** Schreibtisch |
| de makkelijke stoel | der Sessel, der bequeme Stuhl |
| de fauteuil | der Sessel |
| **het** vloerkleed | **der** Teppich |
| het bijzettafeltje | das Beistelltischchen |
| de bureaustoel | der Schreibtischstuhl |
| de stereoinstallatie | die Stereoanlage |
| de computer | der Computer |

**3**

| | |
|---|---|
| ze woonde (wonen) | sie wohnte |
| vroeger | früher |
| op het platteland | auf dem Land |
| ze was (zijn*) | sie war (sein) |
| met z'n drieën/vieren | zu dritt/viert |
| **de** kamer | **das** Zimmer |
| er stond (staan*) | da stand (stehen) |
| het nachtkastje | das Nachtschränkchen |
| ze deed (doen*) | sie tat (tun) |
| ze luisterde (luisteren) | sie hörte zu (zuhören) |
| ze schreef (schrijven*) | sie schrieb (schreiben) |
| het dagboek | das Tagebuch |
| **het** huiswerk | **die** Hausaufgaben |
| ze mocht (mogen*) | sie durfte (dürfen) |

**4**

| | |
|---|---|
| we kregen (krijgen*) | wir bekamen (bekommen) |
| de MAVO | weiterführende Schule (vergleichbar mit Real- oder Hauptschule) |
| de gelegenheid | die Gelegenheit |
| Vlaanderen | Flandern |
| het begon (beginnen*) | es begann (beginnen) |
| de zeiltocht | die Segeltour |
| **het** noorden | **der** Norden |
| in richting Waddenzee | in Richtung Wattenmeer |
| we kookten (koken) | wir kochten (kochen) |
| we aten (eten*) | wir aßen (essen) |
| je moest (moeten*) | du musstest (müssen) |
| wennen (ik wen) | sich gewöhnen (ich gewöhne mich) |
| smal | schmal |
| haast niet | beinahe nicht |
| je kon (kunnen*) | du konntest (können) |
| draaien | drehen |
| de haven | der Hafen |
| het ging (gaan*) | es ging (gehen) |
| we hadden (hebben*) | wir hatten (haben) |
| het Ijsselmeerstadje | das Ijsselmeerstädchen |
| we bezochten (bezoeken*) | wir besuchten (besuchen) |
| het Anne Frank Huis | das Anne-Frank-Haus |
| het Rijksmuseum | das Reichsmuseum |
| de grachtenrondvaart | die Grachtenrundfahrt |
| het stond (staan*) | es stand (stehen) |
| het programma | das Programm |
| de koffieshop | typisch niederl. Café, in dem man sanfte Drogen kaufen kann |
| we mochten (mogen*) | wir durften (dürfen) |
| we sliepen (slapen*) | wir schliefen (schlafen) |
| de jeugdherberg | die Jugendherberge |
| de slaapzaal | der Schlafsaal |
| we moesten (moeten*) | wir mussten (müssen) |
| we konden (kunnen*) | wir konnten (können) |
| prachtig | prächtig |
| ongelofelijk | unglaublich |
| ineens | auf einmal |
| er kwam (komen*) | da kam (kommen) |
| de rij | die Reihe |

# Wörterverzeichnis nach Lektionen

| | |
|---|---|
| Wie stapten uit? | Wer stieg aus? |
| we zagen (zien*) | wir sahen (sehen) |
| we reden (rijden*) | wir fuhren (fahren) |
| **het** zuiden | **der** Süden |
| we bekeken (bekijken*) | wir schauten an (anschauen) |
| het sluizencompex | die große Schleusenanlage |
| de Deltawerken | die Deltawerke |
| men bouwde (bouwen) | man baute (bauen) |
| de overstroming | die Überschwemmung |
| vervolgens | anschließend, danach |
| het vogelreservaat | das Vogelreservat |
| we bleven (blijven*) | wir blieben (bleiben) |
| de ochtend | der frühe Morgen |
| we gingen (gaan*) | wir gingen (gehen) |
| het stripfestival | das Comicfestival |
| de friet | die Pommes Frites |
| de frietkot | die Pommesbude |
| de rondreis | die Rundreise |
| **het** oosten | **der** Osten |
| rondneuzen (ik neus rond) | sich umsehen, herumstöbern |

**5**

| | |
|---|---|
| de route | die Route |
| de plaatsen | die Orte |

**6**

| | |
|---|---|
| het imperfectum | das Imperfekt |

**7**

| | |
|---|---|
| **het** attractiepark | **der** Vergnügungspark |
| **het** pretpark | |
| het buitenland | das Ausland |
| verbleven (verblijven)* | übernachtet (bleiben, übernachten) |
| het vakantiehuis | das Ferienhaus |
| de kampeerboerderij | der Ferienbauernhof |
| jullie deden (doen*) | ihr tatet (tun) |
| de vrije tid | die Freizeit |
| je vond (vinden*) | du fandest (finden) |

**8**

| | |
|---|---|
| de stapelbedden | die Etagenbetten |

**9**

| | |
|---|---|
| wassen* (ik was) | waschen (ich wasche) |
| plagen (ik plaag) | ärgern (ich ärgere) |
| rekenen | rechnen |
| tanden poetsen | Zähne putzen |
| muts opzetten | Mütze aufsetzen |
| schaken | Schach spielen |
| rennen (ik ren) | rennen (ich renne) |
| logeren (ik logeer) | übernachten (ich übernachte) |

**10**

| | |
|---|---|
| je mocht (mogen) | du durftest (dürfen) |
| je wilde (willen*) | du wolltest (wollen) |
| je moest (moeten*) | du musstest (müssen) |
| je kon (kunnen) | du konntest (können) |
| je durfde (durven) | du trautest dich (sich trauen, wagen) |

**12**

| | |
|---|---|
| winderig | windig |
| stormachtig | stürmisch |
| het waaide (waaien*) | es wehte (wehen) |
| het stormde (stormen) | es stürmte (stürmen) |
| bewolkt | bewölkt |
| de wolk | die Wolke |
| regenachtig | regnerisch |
| het regende (regenen) | es regnete (regnen) |
| zonnig | sonnig |
| de zon | die Sonne |
| ze scheen (schijnen*) | sie schien (scheinen) |
| mistig | neblig |
| de mist | der Nebel |
| koel | kühl |
| fris | frisch |
| 6 graden | 6 Grad |

**13**

| | |
|---|---|
| **het** weerbericht | **der** Wetterbericht |
| helder | klar, heiter |
| de temperatuur | die Temperatur |
| bereiken | erreichen |
| de middag | der (Nach-)Mittag |
| opnieuw | erneut |
| de mistbank | die Nebelbank |
| overal | überall |
| droog | trocken |
| vanochtend | Heute Morgen |
| de bewolking | die Bewölkung |
| de nevel | der Nebel |
| plaatselijk | örtlich, lokal |
| de motregen | der Nieselregen |
| opklaren (het klaart op) | sich aufklären (es klärt auf) |
| **het** westen | **der** Westen |
| matig | mäßig |
| westelijk | westlich |
| de wind | der Wind |
| lenteachtig | frühlingshaft |
| vallen* (ik val) | fallen (ich falle) |
| de bui | der Schauer |
| stevig | kräftig, fest |
| vanuit | aus |
| **het** zuidoosten | **der** Südosten |

**14**

| | |
|---|---|
| het verwachtte (verwachten) | es erwartete (erwarten) |
| de regen | der Regen |
| oostelijk | östlich |
| de storm | der Sturm |
| de sneeuw | der Schnee |
| het onweer | das Gewitter |
| de hagel | der Hagel |
| de ijzel | der Eisregen |

**15**

| | |
|---|---|
| Kerstmis | Weihnachten |
| de laatste vakantie | die letzten Ferien |

# Wörterverzeichnis nach Lektionen

**16**
| | |
|---|---|
| Denemarken | Dänemark |
| Zweden | Schweden |
| Spanje | Spanien |
| Italië | Italien |

*Ander*land
| | |
|---|---|
| de gordijnen | die Vorhänge, Gardinen |
| brengen* | bringen |
| ervaren* (ik ervaar) | erleben |
| een tijdje | eine Zeit lang |
| gewoond (wonen) | gewohnt (wohnen) |
| de mening | die Meinung |
| het thema | das Thema |
| het raam | das Fenster |
| de wandeling | der Spaziergang |
| de verleiding | die Verlockung |
| weerstaan* (ik weersta) | widerstehen (ich widerstehe) |
| gadeslaan* (ik sla gade) | beobachten (ich beobachte) |
| de inrichting | die Einrichtung |
| bewonderen | bewundern |
| de nieuwsgierigheid | die Neugier |
| storen (ik stoor) | stören (ich störe) |
| integendeel | im Gegenteil |
| de deelgenoot | der Mitwisser |
| de openheid | die Offenheit |
| sympathiek | sympathisch |
| de ruimte | der Platz |
| wat overblijft (overblijven*) | was übrig bleibt (übrigbleiben) |
| functioneel | funktionell |
| de reden | der Grund |
| het gevoel | das Gefühl |
| **de** verstandhouding | **das** Verhältnis |
| hartelijk | herzlich |
| steil | steil |
| de trap | die Treppe |
| bovenst | oberst |
| pittoresk | malerisch |
| leiden | leiten, führen |
| opgevallen (opvallen*) | aufgefallen (auffallen) |
| in hemelsnaam | um Himmels willen |
| **de** hoogslaper | **das** Hochbett |
| piepklein | winzig |
| de studentenkamer | die Studentenbude |
| de buitenkant | die Außenseite |
| de avondwandeling | der Abendspaziergang |
| doorsnee | durchschnittlich |
| de theorie | die Theorie |
| **het** terrasje | **die** kleine Terrasse |
| de architect | der Architekt |
| de opdrachtgever | der Auftraggeber |
| **het** gezelschap | **die** Gesellschaft |
| talloos | zahllos, unzählig |
| de lunchroom | die Konditorei, das Café |
| **het** zuiden | **der** Süden |
| het regent (regenen) | es regnet (regnen) |
| voornamelijk | hauptsächlich |
| binnenshuis | im Haus |
| de buitenwereld | die Außenwelt, (hier:) draußen |
| de bewoner | der Bewohner |
| gebeuren (het gebeurt) | geschehen (es geschieht), passieren |
| missen (ik mis) | verpassen (ich verpasse) |
| **het** effect | **die** Wirkung, der Effekt |
| versterkt (versterken) | verstärken |

## Lektion 4

Ü
| | |
|---|---|
| niet-alledaags | nicht alltäglich |

**1**
| | |
|---|---|
| nazitten (ik zit na) | nachsitzen (ich sitze nach) |
| uitnodigen | einladen |

**2**
| | |
|---|---|
| de cd | die CD |
| meenemen* | mitnehmen |
| kletsen | plaudern, schwatzen |
| de zwembroek | die Badehose |
| de/**het** snoep | **die** Süßigkeiten |
| strafwerk hebben | eine Strafarbeit machen müssen |
| de rommel | das Durcheinander |
| overnachten | übernachten |
| vastleggen (ik leg vast) | festlegen (ich lege fest) |
| opschieten* | sich beeilen |
| afzeggen* (ik zeg af) | absagen (ich sage ab) |
| oefenen | üben |
| uitrusten | sich entspannen, relaxen |

**3**
| | |
|---|---|
| hé | (hier:) sag mal |
| voorbereiden | vorbereiten |
| trainen | trainieren |
| vast wel | bestimmt |
| uitvallen | ausfallen |
| hij zou kunnen | er könnte |
| zeuren | nörgeln |
| bellen (ik bel) | anrufen (ich rufe an) |
| in de tussentijd | in der Zwischenzeit |
| de koelkast | der Kühlschrank |
| Hij is in gesprek. | Er unterhält sich gerade. |
| Die hoef je niet te vragen. | Den brauchst du nicht zu fragen. |
| jeetje | oje |
| de gymles | der Sportunterricht |
| wat vervelend | (hier:) wie ärgerlich |
| ik ben benieuwd, benieuwd zijn | ich bin gespannt, gespannt sein |

# Wörterverzeichnis nach Lektionen

**6**
de ouders — die Eltern
**7**
het belletje — **der** Anruf
de griep — die Grippe
de competitie — der Wettkampf
**8**
aanstaand — kommend
komend — kommend
spijten* — Leid tun
Het spijt me. — Es tut mir Leid.
**13**
**de** horoscoop — **das** Horoskop
het sterrenbeeld — das Sternbild, (hier:) Tierkreiszeichen
denken over — denken über
ram — Widder
stapelgek — total verrückt
qua — was ... betrifft
**het** werk — **die** Arbeit
**de** studie — **das** Studium, **das** Lernen
het geld — das Geld
waardeloos — wertlos
stier — Stier
een beetje — ein bisschen
last (hebben) van — (hier:) Ärger (haben) mit
**de** vetkwab — **das** Fettpolster
Daar is wel wat aan te doen. — Dagegen kann man etwas tun.
minder — weniger
snacken — naschen
bewegen (ik beweeg) — sich bewegen (ich bewege mich)
joggen (ik jog) — joggen (ich jogge)
onderweg — unterwegs
iemand tegenkomen — jem. treffen
tweeling — Zwillinge
de ruzie — der Streit
ruzie hebben — Streit haben
hetzelfde — dasselbe
duidelijk — deutlich
belachelijk — lächerlich
kreeft — Krebs
de schooldag — der Schultag
de misser — der Misserfolg, Fehlschlag
iets te pakken hebben — (hier:) erwischen
gelukkig — glücklicherweise, glücklich
de lol — der Spaß
het maatje — der Kumpel, der Kamerad
juist — (hier:) gerade, (auch:) richtig
de oorzaak — die Ursache
leeuw — Löwe

de superweek — die Superwoche
gieren — quietschen, pfeifen, (hier:) außer Kontrolle geraten
het hormoon — das Hormon
ingaan op — eingehen auf
**de** pech — **das** Pech
de waarde — der Wert
verliezen* ( ik verlies) — verlieren (ich verliere)
kosten — kosten
maagd — Jungfrau
het schooljaar — das Schuljahr
flink — tüchtig, kräftig, ordentlich
er flink tegenaan gaan — sich ins Zeug legen
volhouden — durchhalten
blij — froh, glücklich
blij zijn met iets — froh sein über etwas
belonen (ik beloon) — belohnen (ich belohne)
de inzet — der Einsatz
weegschaal — Waage
jarenlang — jahrelang
Doe er iets aan. — Tu etwas dagegen.
Verandering van spijs doet eten. — Abwechslung steigert den Appetit.
bovendien — außerdem
de kans — die Chance
kans hebben op — Chancen haben auf
schorpioen — Skorpion
dumpen — Müll abladen, (hier:) stehenlassen
walgelijk — ekelhaft, widerlich
mokken (ik mok) — schmollen (ich schmolle)
**het** hoekje — **die** Ecke
iemand op sleeptouw nemen — jem. ins Schlepptau nehmen
er bovenop komen — sich erholen, ins Lot kommen
boogschutter — Schütze
iemand een poot uitdraaien — jem. ein Bein stellen, jem. eins auswischen
de poot — die Pfote, der Fuß, das Bein
steken (ik steek) — stecken (ich stecke)
het probleem — das Problem
steenbok — Steinbock
de omgeving — die Umgebung
aanpakken — anfassen, anpacken
waterman — Wassermann
het gezeik — das Geschwätz, das Gequatsche
de schuld — die Schuld
Dat kan geen kwaad. — Das kann nicht schaden.
vissen — Fische
in elk geval — in jedem Fall
**het** geval — **der** Fall

# Wörterverzeichnis nach Lektionen

| | |
|---|---|
| heftig | heftig |
| kapot | kaputt |
| helemaal kapot zijn van iemand | hin und weg sein von jem. |
| kleffen (ik klef) | aneinander hängen wie Kletten (ich hänge wie eine Klette an) |
| met z'n tweetjes | zu zweit |
| Anderen vinden dat minder. | Andere halten nicht so viel davon. Andere finden das weniger gut. |
| genieten van | genießen |

## Anderland

| | |
|---|---|
| de feestdag | der Feiertag |
| christelijk | christlich |
| vieren | feiern |
| de Paasdag | Ostertag |
| Goede Vrijdag | Karfreitag |
| **de** meubelzaak | **das** Möbelgeschäft |
| open | offen, geöffnet |
| erover | darüber |
| verbaasd | erstaunt |
| aantreffen* (ik tref aan) | antreffen, vorfinden (ich finde vor) |
| traditioneel | traditionell |
| inluiden | einläuten |
| **het** begin | **der** Anfang |
| **het** toeristenseizoen | **die** (Touristen-) Hauptsaison |
| huidig | jetzig, heutig |
| **het** eerbetoon | **die** Ehrerweisung |
| de prinses | die Prinzessin |
| rekening houden* met iets | etwas berücksichtigen |
| **het** feit | **die** Tatsache |
| buitenshuis | draußen |
| verklaren (ik verklaar) | erklären (ich erkläre) |
| de kroning | die Krönung |
| officieel | offiziell |
| de bevolking | die Bevölkerung |
| de gemeente | die Gemeinde, Stadt |
| het straatfeest | das Straßenfest |
| de optocht | der Umzug, die Parade |
| de rommelmarkt | der Flohmarkt |
| organiseren (ik organiseer) | organisieren (ich organisiere) |
| het vuurwerk | das Feuerwerk |
| afsluiten | (hier:) beenden |
| de moeite waard | die Mühe wert |
| in tegenstelling tot | im Gegensatz zu |
| bevrijdingsdag | Tag der Befreiung |
| het einde | das Ende |
| de bezetting | die Besetzung |
| nationaal | national |
| de Hemelvaartsdag | der Himmelfahrtstag |
| Pinksteren | Pfingsten |
| voorlopig | vorerst |
| voorbij | vorbei |
| feestelijk | festlich |
| de Sinterklaastijd | Sankt-Nikolaus-Zeit |
| favoriet | beliebt, populär |
| Zwarte Piet | Knecht Ruprecht |
| de stoomboot | der Dampfer |
| **het** moment | **der** Moment |
| aanwezig | anwesend |
| **de** etalage | **das** Schaufenster |
| het speelgoed | das Spielzeug |
| de reclame | die Werbung, Reklame |
| de schoen | der Schuh |
| de kachel | der Ofen |
| stoppen (ik stop) | hineintun (ich tue hinein) |
| de wortel | die Karotte |
| het hooi | das Heu |
| het paard | das Pferd |
| de chocoladen sinterklaas | Nikolaus aus Schokolade |
| het suikerbeest | das Fondanttierchen (= Süßigkeit) |
| heerlijk | herrlich |
| **het** avondje | **der** Abend |
| het cadeautje | kleines Geschenk |
| de zak | der Sack |
| zitten | sitzen, (hier:) stecken |
| de surprise | die Überraschung |
| verpakken (ik verpak) | einpacken (ich packe ein) |
| het gedichtje | das Gedicht |
| de volwassene | der/die Erwachsene(r) |
| de initiaal | die Initiale |
| de chocoladeletter | der Buchstabe aus Schokolade |
| het Sinterklaasfeest | Sankt-Nikolaus-Fest |
| uitkijken* naar iets | sich freuen auf |
| het kerstfeest | das Weihnachtsfest |

## Lektion 5

| | |
|---|---|
| Wat hoort er allemaal op tafel? Teken een gedekte tafel en schrijf op wat het is. | Was gehört alles auf den Tisch? Zeichne einen gedeckten Tisch und benenne die Gegenstände. |
| Lees de tekst en zoek de goede volgorde van de tekstgedeeltes. | Lies den Text und suche die richtige Reihenfolge der Textblöcke. |

**Ü**

| | |
|---|---|
| Eten uit en thuis | Essen gehen und zu Hause essen |

**1**

| | |
|---|---|
| het ijs | das Eis |
| de vruchtensalade | der Obstsalat |
| de salade | der Salat |
| de vis | der Fisch |
| de wijn | der Wein |
| de rijst | der Reis |

# Wörterverzeichnis nach Lektionen

| | | | |
|---|---|---|---|
| **de** groente | **das** Gemüse | gegrild (grillen) | gegrillt (grillen) |
| de garnalencocktail | der Krabbencocktail | de forel | die Forelle |
| **het** voorgerecht | **die** Vorspeise | de citroen | die Zitrone |
| het hoofdgerecht | das Hauptgericht | vegetarisch | vegetarisch |
| **het** nagerecht | **der** Nachtisch | de aardappeltaart | der Kartoffelkuchen |
| **2** | | de pasta | die Pasta, Nudeln |
| **het** bord | **der** Teller | de bonensalade | der Bohnensalat |
| de vork | die Gabel | de gorgonzolasaus | die Gorgonzolasauce |
| de lepel | der Löffel | vers | frisch |
| **het** servet | **die** Serviette | de room | die Sahne |
| het glas | das Glas | de vruchtensaus | die Fruchtsauce |
| het mes | das Messer | de kipsaté | die Hähnchenspießchen |
| peper en zout | Pfeffer und Salz | de saté | das Fleischspießchen |
| olie en azijn | Öl und Essig | **de** haas | **das** Filet |
| de kom | die Schüssel | **de** drank | **das** Getränk |
| **3** | | de espresso | der Espresso |
| de dagschotel | das Tagesgericht | light | light |
| gebakken (bakken*) | gebraten (braten) | **het** tomatensap | **der** Tomatensaft |
| de garnituur | die Garnierung, Garnitur | de jus d´orange | der Orangensaft |
| | | vers geperst (persen) | frisch gepresst (pressen) |
| Noors | Norwegisch | het maltbier | das Malzbier |
| de zalm | der Lachs | het witbier | das (niederländische) Weißbier |
| de sla | der Kopfsalat | | |
| het schnitzel | das Schnitzel | de karaf | die Karaffe |
| **de** appelmoes | **das** Apfelmus | de fles | die Flasche |
| lijken* | ähneln, gleich, (hier:) scheinen | rosé | rosé Wein |
| | | de wijnkaart | die Weinkarte |
| het vlees | das Fleisch | op maat | nach Maß |
| taai | zäh | chippen (ik chip) | elektronisch bezahlen (ich bezahle elektronisch) |
| eerder | früher | | |
| het dessert | das Dessert | | |
| het aardbeienijs | das Erdbeereis | pinnen (ik pin) | elektronisch bezahlen (ich bezahle elektronisch) |
| **het** toetje | **der** Nachtisch | | |
| lusten | mögen, gern essen | | |
| de chocolade mousse | die Mousse au Chocolat | de credit card | Kreditkarte |
| de mosterdsaus | die Senfsauce | **6** | |
| de varkenshaas | die Schweinelende | kiezen* (ik kies) | auswählen (ich wähle aus) |
| gemengd (mengen) | gemischt (mischen) | | |
| aanbevelen*(ik beveel aan) | empfehlen (ich empfehle) | **8** | |
| | | het groepje | die kleine Gruppe |
| het molentje | die kleine Windmühle | **9** | |
| de konijnpaté | die Kaninchenpastete | de reactie | die Reaktion |
| de toast | der Toast | de trui | der Pullover |
| de vistaart | die Fischtorte | pakken | (hier:) holen |
| de kreeft | der Krebs, Hummer | **10** | |
| de roomsaus | die Sahnesauce | de tip | der Tipp |
| de croûtons | die Croûtons | zich vervelen (ik veveel me) | sich langweilen (ich langweile mich) |
| de frites | die Pommes frites | | |
| de rozemarijn | der Rosmarin | openzetten | aufmachen |
| roerbakken | kurz gebraten | een spelletje doen | ein Spiel spielen |
| het kalfsvlees | das Kalbsfleisch | de pizzalijn | der Pizzaservice |
| mixed | gemischt | de video | das Video |
| | | huren (ik huur) | mieten, (hier:) ausleihen, (ich leihe aus) |
| de grill | die Grillplatte | | |
| het kalf | das Kalb | een blokje omgaan* | eine Runde drehen |
| het lam | das Lamm | de erwtensoep | die Erbsensuppe |
| het rund | das Rind | | |
| de scampi | die Scampi | | |

# Wörterverzeichnis nach Lektionen

**11**

| | |
|---|---|
| het recept | das Rezept |
| de oliebol | der Krapfen |
| **de** bloem | **das** Mehl |
| de gist | die Hefe |
| lauw | lauwarm |
| de krent | die Korinthe |
| de rozijn | die Rosine |
| de poedersuiker | der Puderzucker |
| gebruiken | benötigen |
| **het** steelpannetje | **der** Stieltopf |
| houten | hölzern |
| de eetlepel | der Esslöffel |
| de keukenrol | die Küchenrolle |
| de schuimspaan | der Schaumlöffel |
| het theedoek | das Küchenhandtuch |
| gieten* | gießen |
| laag | niedrig |
| **het** vuur | die Flamme, **das** Feuer |
| smelten* | schmelzen, schmilzt |
| het eierdooier | das Eidotter |
| **het** gistmelkpapje | **der** Hefemilchbrei |
| roeren | rühren |
| de kraan | der Wasserhahn |
| **het** beslag | **der** Rührteig |
| natmaken | nassmachen |
| uitwringen* | auswringen |
| de plek | der Ort, die Stelle |
| rusten | ruhen |
| (door)mengen | (durch) mischen |
| rijzen (hij/zij rijst) | aufgehen (er/sie geht auf) |
| de frituurpan | die Friteuse |
| verhitten (ik verhit) | erhitzen (ich erhitze) |
| de damp | der Dampf |
| heet | heiß |
| het bolletje | das Bällchen, die (kleine) Kugel |
| de deeg | der Teig |
| scheppen (ik schep) | schöpfen (ich schöpfe) |
| glijden* | gleiten, rutschen |
| tegelijk | gleichzeitig |
| omdraaien | umdrehen |
| uitlekken laten | abtropfen lassen |
| het keukenpapier | das Backpapier |
| bestrooien | bestreuen |

*Anderland*

| | |
|---|---|
| bekleden | (hier:) einnehmen |
| volwaardig | vollwertig |
| gastronomisch | gastronomisch |
| het symbool | das Symbol |
| de oorsprong | die Herkunft |
| nochtans | dennoch, trotzdem |
| onzeker | ungewiss, unsicher |
| de term | der Ausdruck |
| het patent | das Patent |
| de uitvinding | die Erfindung |
| toekennen (ik ken toe) | zuerkennen, zusprechen (ich erkenne zu) |
| de zuiderburen | die südlichen Nachbarn (hier:) Belgien |
| degelijk | (hier:) durchaus |
| **de** oever | **das** Ufer |
| de streek | die Gegend, das Gebiet |
| de gewoonte | die Gewohnheit |
| **het** reepje | **der** Streifen |
| de commerciële exploitatie | die kommerzielle Ausbeutung |
| de ondernemer | der Unternehmer |
| **het** kraampje | (hier:) **der** Laden |
| het product | das Produkt |
| de Eerste Wereldoorlog | der Erste Weltkrieg |
| de soldaat | der Soldat |
| vandaar | daher |
| de verwarring | die Verwirrung |
| bij voorkeur | vorzugsweise |
| de frituur | die Pommesbude |
| knapperig | knusprig |
| verkrijgen* | erhalten, bekommen |
| dompelen | tauchen, eintauchen |
| wereldwijd | weltweit |
| dol zijn op iets | versessen sein auf etwas |
| de opening | die Eröffnung |
| kopiëren | kopieren |
| uitbaten (ik baat uit) | betreiben, führen (ich betreibe) |
| de frietbakker | der Betreiber einer Pommesbude |

### Lektion 6

| | |
|---|---|
| Wat dragen Mike en Marloes? | Was tragen Mike und Marloes? |
| Welke woorden in de dialoog kun je door één van de volgende synomiemen vervangen? | Welche Wörter im Dialog kann man durch eines der folgenden Synomyne ersetzen? |
| Maak aantekeningen en vertel. | Mache Notizen und erzähle. |
| Welke lichaamsdelen horen bij het hoofd, het bovenlichaam en het onderlichaam? | Welche Körperteile gehören zum Kopf, zum Oberkörper und zum Unterkörper? |

**Ü**

| | |
|---|---|
| de kleding | die Kleidung |

**1**

| | |
|---|---|
| de leren schoenen | die Lederschuhe |
| de broek | die Hose |
| de jeans/de spijkerbroek | die Jeans(hose) |
| het t-shirt | das T-Shirt |
| de sjaal | der Schal |
| de pet | die Baseballmütze |
| de leren jas | die Lederjacke |

# Wörterverzeichnis nach Lektionen

| | | | |
|---|---|---|---|
| de blouse | die Bluse | de watertaxi | das Wassertaxi |
| het overhemd | das Hemd | bekijken* | besichtigen |
| de sportschoenen | die Sportschuhe | origineelst | originellst- |
| **2** | | wat dacht u van ...? | was halten Sie von ...? |
| 's winters | im Winter | het museumbezoek | der Museumsbesuch |
| **3** | | leukste | schönst- |
| de koffer | der Koffer | de museumboot | das Museumsboot |
| de jas | der Mantel | de bekeuring | das Bußgeld |
| herhalen (ik herhaal) | wiederholen (ich wiederhole) | overbodig | überflüssig |
| | | bekendst | bekanntest- |
| noemen | nennen | de Nachtwacht | die Nachtwache |
| het kledingstuk | das Kleidungsstück | de/het schilderij | das Gemälde |
| **4** | | de tekening | die Zeichnung |
| de smaak | der Geschmack | de collectie | die Sammlung |
| de zak | die Tasche | de binnenstad | die Innenstadt |
| trouwens | außerdem | bruin café | altholländische Kneipe |
| het prijskaartje | das Preisetikett | het borreltje | das Schnäpschen |
| iets goeds | etwas Gutes | lekkerst | leckerst- |
| nodig hebben* (ik heb nodig) | brauchen (ich brauche) | de energie | die Energie |
| | | de winkelstraat | die Einkaufsstraße |
| duurst | teuerst- | de Kalverstraat | Einkaufsstraße in A'dam |
| goedkoopst | billigst- | de Leidsestraat | Einkaufsstraße in A'dam |
| afgeprijsd | reduziert | de Jordaan | Viertel in A'dam |
| de kwaliteit | die Qualität | de wijk | das Viertel |
| de jeansshop | der Jeansshop | voor een habbekrats | für einen Pappenstiel |
| elegant | elegant | gekst | verrücktest- |
| **5** | | **10** | |
| prijzig | teuer | de superlatief | der Superlativ |
| voordelig | preiswert | **11** | |
| chic | vornehm | de headline | die Überschrift |
| **6** | | Wenen | Wien |
| de klant | der Kunde | het kijkje | der Einblick |
| passen (ik pas) | (hier:) anprobieren (ich probiere an) | de oudheid | das Altertum |
| | | roerendst | rührendst- |
| contant | bar | het liefdesverhaal | die Liebesgeschichte |
| de maat | die Größe | veelbesproken | viel diskutiert |
| de paskamer | die Ankleidekabine | de productie | die Produktion |
| **8** | | ooit | jemals |
| van tevoren | im Voraus | bekroond | bekrönt |
| bovenstaand | oben genannt, obig | de Golden Globes | amerik. Filmpreis |
| **9** | | de regie | die Regie |
| vrolijkst | fröhlichst- | de titelsong | der Titelsong |
| swingendst | pulsierendst- | de tuinbeurs | die Gartenbaumesse |
| drukst | lebendigst- | ideaal | ideal |
| beruchtst | berüchtigst- | het groen-idee | die Idee für Gestaltung mit Grün |
| meest | meist | | |
| alhoewel | obwohl | opdoen* | sammeln |
| tellen (ik tel) | zählen (ich zähle) | meegenieten* | mitgenießen |
| het kanaal | der Kanal | sfeervol | stimmungsvoll |
| Venetië | Venedig | de tuindecoratie | die Gartendekoration |
| voornaam | vornehm, fein | de plant | die Pflanze |
| Herengracht | Herrengracht | de heester | die Staude, der Strauch |
| het patriciërshuis | das Patrizierhaus | gegarandeerd | garantiert |
| smalst | schmalst | tax-free | steuerfrei |
| voordeur | die Eingangstür | gratis | gratis |
| Amsterdams | Amsterdamer | gloednieuw | brandneu |
| ontspannendst | entspannendst- | de catalogus | der Katalog |
| overigens | übrigens | betaalbaar | bezahlbar |

# Wörterverzeichnis nach Lektionen

| | |
|---|---|
| de mode | die Mode |
| reageren (ik reageer) | reagieren (ich reagiere) |
| ruimst | geräumigst |
| comfortabelst | komfortabelst- |
| sommigen | manche |
| de familiewagen | der Familienkleinbus |
| het standaardtype | das Standardmodell |
| de centimeter | der Zentimeter |
| de uitvoering | die Ausführung |
| ondanks | trotz |
| eenvoudig | einfach |
| parkeren (ik parkeer) | parken (ich parke) |

**13**

| | |
|---|---|
| het lichaam | der Körper |
| het lichaamsdeel | das Körperteil |
| het hoofd | der Kopf |
| de mond | der Mund |
| de hals | der Hals |
| de borst | die Brust |
| de buik | der Bauch |
| de vinger | der Finger |
| de knie | das Knie |
| de voet | der Fuß |
| het oor | das Ohr |
| de neus | die Nase |
| de kin | das Kinn |
| de arm | der Arm |
| de teen | der Zeh |

**15**

| | |
|---|---|
| het bovenlichaam | der Oberkörper |
| het onderlichaam | der Unterkörper |

*Ander*land

| | |
|---|---|
| Wat tof! | Spitze! Super! |
| pre-worn | pre-worn, bereits getragen |
| dat is echt helemaal toppie | Das ist absolut spitze! |
| als gegoten | wie angegossen |
| de secondhand-designshop | der Secondhand-Designerladen |

## Lektion 7

| | |
|---|---|
| Schrijf op wat je in een vakantiehuisje wel of niet zou willen hebben. | Schreibe auf, was du in einem Ferienhaus wohl oder nicht haben möchtest. |
| Zet de volgende uitdrukkingen in de juiste kolom. | Setze die folgenden Ausdrücke in die richtige Spalte. |
| Informeer je vrienden. | Informiere deine Freunde. |
| Probeer zo veel mogelijk informatie te weten te komen. | Versuche so viel Informationen wie möglich zu bekommen. |

**ü**

| | |
|---|---|
| het vakantiehuisje | das Ferienhaus, die Ferienwohnung |

**1**

| | |
|---|---|
| het gasfornuis | der Gasherd |
| de telefoongids | das Telefonbuch |
| de wasmachine | die Waschmaschine |
| de magnetron | die Mikrowelle |
| het koffiezetapparaat | die Kaffeemaschine |
| het strijkijzer | das Bügeleisen |
| de handdoek | das Handtuch |
| de vaatwasmachine | die Spülmaschine |
| de douche | die Dusche |
| de klok | die Uhr |
| de kookpannen | die Kochtöpfe |
| de föhn | der Föhn |

**2**

| | |
|---|---|
| handig | geschickt, (hier:) praktisch |
| niet nodig | nicht nötig |

**3**

| | |
|---|---|
| het waddeneiland | die Watteninsel |
| wandelen | wandern |
| windsurfen | windsurfen |
| vissen (ik vis) | fischen (ich fische) |
| hengelen | angeln |
| beachvolleyballen | Beachvolleyball spielen |
| parachutespringen | Fallschirm springen |
| vliegeren | Drachen steigen lassen |
| de zeehond | der Seehund |

**4**

| | |
|---|---|
| de vakantietype | der Urlaubstyp |
| het appartement | das Appartment, die Wohnung |
| het pension | die Pension |
| de tent | das Zelt |
| de caravan | der Wohnwagen |
| de bergen | die Berge |
| de zee | das Meer |
| het bos | der Wald |
| luxe | luxuriös |
| regelen | regeln |
| onafhankelijk | unabhängig |
| logeren (ik logeer) | übernachten (ich übernachte) |

**5**

| | |
|---|---|
| kiezen voor* (ik kies voor) | auswählen (ich wähle aus), sich entscheiden |
| de vorm | die Form |

**6**

| | |
|---|---|
| de medewerker/ de medewerkster | der Mitarbeiter/ die Mitarbeiterin |
| boeken | buchen |

**7**

| | |
|---|---|
| de mobiele telefoon/het mobieltje/de zaktelefoon | das Handy |
| de zonnebril | die Sonnenbrille |
| de agenda | der Kalender |

# Wörterverzeichnis nach Lektionen

| | |
|---|---|
| het woordenboek | das Wörterbuch |
| **het** horloge | **die** Armbanduhr |
| de/**het** medicijn | **die** Medizin |
| | |
| de zonnecrème | die Sonnencreme |
| de pinpas | die Scheckkarte |
| het buitenlandse geld | das ausländische Geld |
| **het** zwempak | **der** Badeanzug |
| **het** treinkaartje | **die** Zugfahrkarte |
| **het** paspoort | **der** Pass |
| de reisgids | der Reiseführer |
| de tandenborstel | die Zahnbürste |
| de toilettas | die Kulturtasche |
| **het** fototoestel | **der** Fotoapparat |
| de kam | der Kamm |
| de borstel | die Bürste |
| **10** | |
| **het** retour | **die** Rückfahrt |
| overstappen | umsteigen |
| de reservering | die Reservierung |
| bevestigen | bestätigen |
| reserveren (ik reserveer) | reservieren (ich reserviere) |
| de toeslag | der Zuschlag |
| kosten | kosten |
| **11** | |
| de twee-persoonskamer | das Zweibettzimmer |
| **14** | |
| het vliegveld | der Flugplatz |
| gezeten (zitten) | gesessen (sitzen) |
| geluisterd (luisteren) | zugehört (zuhören) |
| gewinkeld (winkelen) | gebummelt (bummeln) |
| **16** | |
| geachte dames en heren | sehr geehrte Damen und Herren |
| doorbrengen* | verbringen |
| de overnachtingsmogelijkheden | die Übernachtungsmöglichkeiten |
| sturen (ik stuur) | schicken (ich schicke) |
| **het** uitstapje | **der** Ausflug |
| gepland (plannen) | geplant (planen) |
| bij voorbaat | im Voraus |
| met vriendelijke groet | mit freundlichem Gruß |
| geweldig | gewaltig |
| de sfeer | die Stimmung |
| de vuurtoren | der Leuchtturm |
| groetjes en zoentjes | Grüße und Küsse |

*Anderland*

| | |
|---|---|
| bewaren | erhalten, bewahren |
| gecombineerd met | kombiniert mit |
| **het** voordeel | **der** Vorteil |
| alle kanten op | überall hin |
| het tientje | 10 Euro-Schein |
| de lichtloper | leichtes Fahrrad |
| **het** fietsenverhuurbedrijf | **der** Fahrradverleih |
| de ontdekkingsreis | die Entdeckungsreise |
| het wad | das Watt |
| de broed- en trekvogel | der Brut- und Zugvogel |
| zonnen (ik zon me) | sich sonnen (ich sonne mich) |
| aantrekkelijk | attraktiv |
| **het** dorpsgezicht | **die** Dorfansicht |
| het eiland | die Insel |
| het verst verwijderd | am weitesten entfernt |
| de bootreis | die Bootsreise |
| de veerboot | die Fähre |
| in beslag nemen* | in Anspruch nehmen |
| **het** rustpunt | **der** Ruhepunkt |
| hectisch | hektisch |
| eenmaal | einmal |

### Lektion 8

Wat lees jij het liefst? Vraag ook je partner. — Was liest du am liebsten? Frage auch deinen Partner.

Schrijf op: Wat lezen ze graag en wat lezen ze niet graag? — Schreibe auf: Was lesen sie gerne und was lesen sie nicht gerne?

Schrijf enkele trefwoorden over je leesgedrag op en vertel met behulp van deze trefwoorden aan de klas. — Schreibe einige Stichworte über dein Leseverhalten auf und berichte deiner Klasse mit Hilfe dieser Stichwörter.

Zoek nu zelf een bericht in de krant en geef antwoord op de vijf W-vragen. — Suche nun selbst einen Zeitungsbericht und beantworte die fünf W-Fragen.

Lees één van de volgende artikelen. — Lies einen der folgenden Artikel.

Zoek alle zinnen in de artikelen die gebruik maken van de passiefvorm. — Suche alle Sätze in den Artikeln heraus, die das Passiv verwenden.

**Ü**

| | |
|---|---|
| dagelijks | täglich |
| het nieuws | die Nachrichten |
| **1** | |
| **het** bericht | **der** Bericht |
| het artikel | der Artikel |
| de verslaggever | der Redakteur |
| de vette kop | die Schlagzeile |
| **het** tv-journaal | **die** Fernsehzeitung |
| de voorpagina | die Titelseite |
| **5** | |
| eerlijk | ehrlich |
| de boekenwurm | der Bücherwurm |
| wat dat betreft | was das anbelangt |
| zelfs | sogar |
| **het** pc-blaadje | **die** Computer-Zeitschrift |
| bladeren | blättern |
| iemand met rust laten* | jem. in Ruhe lassen |
| de flauwekul | der Quatsch, der Mumpitz |

# Wörterverzeichnis nach Lektionen

| | | | |
|---|---|---|---|
| eenzaam | einsam | het glasgerinkel | das Geklirr |
| schieten* | schießen | alarmeren (ik alarmeer) | alarmieren (ich alarmiere) |
| de roman | der Roman | verkleed (verkleden) | verkleidet |
| **het** dagblad | **die** Tageszeitung | tot het besef komen* | sich bewusst werden |
| de leeswoede | die Lesewut | **11** | |
| boeiend | fesselnd, packend | het vliegtuigongeluk | das Flugzeugunglück |
| de reportage | die Reportage | plaatsvinden* | stattfinden |
| op de hoogte zijn van iets | über etwas informiert sein | het doel | das Ziel |
| | | de wereld | die Welt |
| **het** sportdeel | **der** Sportteil | uitgebreid | ausführlich |
| de voetbalwedstrijd | das Fußballspiel | toelichten | erläutern |
| de politiek | die Politik | languit | der Länge nach |
| saai | langweilig, fade | bijzonder | besonders |
| de economie | die Wirtschaft | inbreken* (ik breek in) | einbrechen (ich breche ein) |
| snappen (ik snap) | (hier:) verstehen, kapieren | fors | kräftig, massiv |
| gek zijn op | vernarrt sein in | uitbreiden | erweitern, ausbreiten |
| snuffelen | schnüffeln | de balletdanser | der Balletttänzer |
| het abonnement | das Abonnement | de voorstelling | die Vorstellung |
| iets te weten komen | etwas erfahren | de orkestbak | der Orchestergraben |
| de filmster | der Filmstar | gewond raken (ik raak gewond) | sich verletzen (ich verletze mich) |
| noem maar op | und so weiter, et cetera | op de hoogte blijven* | auf dem Laufenden bleiben |
| de tandarts | der Zahnarzt | | |
| **8** | | de mening | die Meinung |
| de gewonde | der Verwundete | vormen | bilden, formen |
| het treinongeluk | das Zugunglück | in actie komen* | aktiv werden |
| de wissel | (hier:) die Weiche | bepaald | bestimmt |
| de botsing | der Zusammenstoß | de natuurramp | die Naturkatastrophe |
| licht | leicht | inzamelen | einsammeln |
| zwaar | schwer | de advertentie | die Anzeige, das Inserat |
| gewond | verwundet, verletzt | het nest | das Nest |
| het lid/de leden | das Mitglied/ die Mitglieder | een heleboel | eine Menge |
| de brandweer | die Feuerwehr | de opvang | die Aufnahme, die Betreuung |
| de reddingsdienst | der Rettungsdienst | de straatkinderen | die Straßenkinder |
| inzetten | einsetzen | de manier | die Art und Weise |
| abusievelijk | versehentlich | de strip | der Comic |
| de richting | die Richtung | **het** filmoverzicht | **die** Filmübersicht |
| leiden | leiten | de service | der Service |
| de treinbestuurder | der Lokführer | **12** | |
| realiseren (ik realiseer) | erkennen, realisieren (ich erkenne) | de passieve vorm | die Passivform |
| | | de Noordzee | die Nordsee |
| de fout | der Fehler | North Sea Cycle Route (engl.) | die Nordsee-Fahrrad-Route |
| achteropkomend | nachfolgend | ter wereld | (auf) der Welt |
| attent | aufmerksam | het portret | das Portrait |
| oprijden* | auffahren | **de** fractie | **das** Bruchstück |
| heersen | herrschen | oorspronkelijk | ursprünglich |
| **9** | | het veilinghuis | das Auktionshaus |
| **de** drank | **das** Getränk, (hier auch:) der Schnaps | het eind | das Ende |
| de achterdeur | die Hintertür | veilen | versteigern |
| achter iets komen* | etwas herausfinden | melden | melden |
| met een flinke slok op | (hier:) stark angeheitert | Brits | britisch |
| thuis komen* | nach Hause kommen | onlangs | vor kurzem |
| de sleutel | der Schlüssel | de papierfabriek | die Papierfabrik |
| intrappen (ik trap in) | eintreten (ich trete ein) | inmiddels | inzwischen |
| de buurtbewoner | der Bewohner aus der Nachbarschaft | overlijden* | sterben |

# Wörterverzeichnis nach Lektionen

| | | | |
|---|---|---|---|
| de Japanner | der Japaner | de voorzitter | der Vorsitzende |
| het recordbedrag | der Rekordbetrag | benoemen | benennen |
| de minderjarige | der/die Minderjährige | de misdadiger | der Verbrecher |
| oppakken (ik pak op) | festnehmen, verhaften (ich nehme fest) | de echtgenote/echtgenoot | die Ehefrau/der Ehemann |
| de autodiefstal | der Autodiebstahl | *Ander*land | |
| een vijftiental | ungefähr fünfzehn | denderen | donnern |
| vrijwillig | freiwillig | de hartklopping | das Herzklopfen |
| de brandstichting | die Brandstiftung | de treindeur | die Zugtür |
| bekennen (ik beken) | zugeben (ich gebe zu) | de colbert | das Jackett |
| aan het rollen gaan | sich in Bewegung setzen | vonken | funken |
| nadat | nachdem | het spijkerjack | die Jeansjacke |
| teruggevonden (terugvinden*) | wiedergefunden | uitstappen (ik stap uit) | aussteigen (ich steige aus) |
| gestolen (stelen*) | gestohlen | het keertje | das Mal |
| het voertuig | das Fahrzeug | het eindstation | die Endstation |
| doorzocht (doorzoeken*) | durchsucht | de stoptrein | der Nahverkehrszug |
| het element | das Element | in de weer zijn | beschäftigt sein |
| aangetroffen (aantreffen*) | (hier:) gefunden | de overbuurvrouw | die Frau gegenüber |
| de meerderjarige | der/die Volljährige | glimlachen | lächeln |
| iemand bij de lurven vatten | jemand beim Wickel nehmen | opvangen* | (hier:) mitbekommen |
| | | net afgestudeerd | gerade fertig mit dem Studium |
| overgaan* tot | zu etwas übergehen | | |
| de bekentenis | das Geständnis | drukken (ik druk) | drücken (ich drücke) |
| teisteren | heimsuchen | de chemicus | der Chemiker |
| zowel ... als | sowohl ... als auch | de assistentie | die Hilfe |
| VS (de Verenigde Staten) | USA (die Vereinigten Staaten) | Haagse | Haager |
| | | het nachtleven | das Nachtleben |
| metershoog | meterhoch | storten | stürzen |
| de golf | die Welle | Randstad polytechniek | Zeitarbeitsfirma für techn. Berufe |
| de schade | der Schaden | | |
| de weg | die Straße | gaan* stappen | ausgehen |
| de regenval | der Regenschauer | Grolsch | Biermarke |
| overstromen (het overstroomt) | überfluten (es überflutet) | Utrecht Centraal | Utrecht Hauptbahnhof |
| | | de achtergrond | der Hintergrund |
| treffen* | treffen | het rumoer | der Lärm |
| de modderstroom | die Schlammmasse | de supporter | der Fan |
| zwaarst | schwerst | de Arabier | der Araber |
| toeschrijven* | zuschreiben | ineens | auf einmal, plötzlich |
| klimatologisch | klimatologisch | vastgrijpen* | festhalten |
| het El Niño-effect | der El Niño-Effekt | prompt | prompt |
| waarbij | wobei | de lach | das Lachen |
| het weerpatroon | das Wettermodell | de krullen | die Locken |
| de Stille Oceaan | der Stille Ozean | de rit | die Fahrt |
| verschuiven* | verschieben | gluren (ik gluur) | anstarren (ich starre an) |
| **13** | | HTS-Amsterdam | Fachhochschule für Technik |
| actief | aktiv | | |
| passief | passiv | studerend | studierend |
| **14** | | stom | blöd |
| de krantenkop | die Schlagzeile | uitgepraat (uitpraten) | fertig mit dem Gespräch |
| weglaten* | weglassen | de contact-advertentie | die Kontaktanzeige |
| nomineren | nominieren | | |
| de dubbelgangster | die Doppelgängerin | | |
| ontdekken | entdecken | | |
| de cocaïne | das Kokain | | |
| uitbundig | überschwänglich | | |
| vermoedelijk | vermutlich | | |
| binnenkort | bald | | |

# Wörterverzeichnis nach Lektionen

## Lektion 9

| | |
|---|---|
| Luister naar de dialogen en controleer of je het goed hebt gedaan. | Höre dir die Dialoge an und kontrolliere, ob du es richtig gemacht hast. |
| Welk advies voor welk probleem? | Welcher Rat für welches Problem? |
| Stel vragen aan je medeleerling. | Stell deinem Mitschüler Fragen. |
| Voer dit gesprek samen met je partner. | Führe dieses Gespräch zusammen mit deinem Partner. |

**Ü**
| | |
|---|---|
| verkouden | erkältet |
| de klacht | die Beschwerde |

**1**
| | |
|---|---|
| de buikpijn | die Bauchschmerzen |
| de hoofdpijn | die Kopfschmerzen |
| de verkoudheid | die Erkältung |
| de oorpijn | die Ohrenschmerzen |
| de wond | die Wunde |
| **de** koorts | **das** Fieber |
| de hoest | der Husten |
| de keelpijn | die Halsschmerzen |
| de spierpijn | die Muskelschmerzen/-kater |

**3**
| | |
|---|---|
| het recept | das Rezept |
| de dokter | der Arzt |
| Beterschap! | Gute Besserung! |
| de apotheek | die Apotheke |
| onderzoeken* | untersuchen |

**4**
| | |
|---|---|
| de assistente | die Arzthelferin |
| hoesten | husten |
| zeer | weh |
| dringend | dringend |
| het spreekuur | die Sprechstunde |
| de rekening | die Rechnung |
| indienen | einreichen |
| **het** ziekenfonds | **die** Krankenkasse |
| langskomen* | vorbeikommen |

**5**
| | |
|---|---|
| een flinke griep | eine ordentliche Grippe |
| aanraden (ik raad aan) | raten, empfehlen (ich empfehle) |

**6**
| | |
|---|---|
| zich (niet) lekker voelen | sich (nicht) gut fühlen |

**8**
| | |
|---|---|
| **het** advies | **der** Rat |
| de alcohol | der Alkohol |
| slikken | schlucken |
| de tand | der Zahn |
| poetsen | putzen |
| de kiespijn | die Zahnschmerzen |
| de diarree | die Diarrhöe, der Durchfall |
| druppeltjes innemen* | Tropfen einnehmen |
| snoepen | naschen |
| de insectensteek | der Insektenstich |
| de reisziekte | die Reisekrankheit |
| de slapeloosheid | die Schlaflosigkeit |

*Anderland*
| | |
|---|---|
| de tienermoeder | die Teenagermutter |
| de tiener | der Teenager |
| ruim | reichlich, gut |
| de helft | die Hälfte |
| **het** moment | **der** Moment |
| de geboorte | die Geburt |
| één op de | eine(r) von |
| **het** begin | **der** Anfang |
| de jaren zeventig | die siebziger Jahre |
| jaarlijks | jährlich |
| halverwege | auf halbem Wege, Mitte |
| **het** aantal | **die** (An-)Zahl |
| dalen (tot), (het daalt) | sinken (auf) (es sinkt auf) |
| toenemen | steigen |
| naar verhouding | im Verhältnis, verhältnismäßig |
| **de** eeuw | **das** Jahrhundert |
| een eeuw geleden | vor einem Jahrhundert |
| pasgeboren | neugeboren |
| gelden (voor) (het geldt voor) | gelten (für) |
| vooral | vor allem |
| Turks | türkisch |
| relatief | relativ |
| daardoor | dadurch |
| Turkije | Türkei |
| allochtoon | ausländisch |
| Marokkaans | marokkanisch |
| de periode | der Zeitraum, die Periode |
| afnemen | zurückgehen |
| behoren (tot) | gehören (zu) |
| **de** leeftijd | **das** Alter |
| vormen | bilden |
| echter | jedoch, aber |
| de uitzondering | die Ausnahme |

# Wörterverzeichnis nach Lektionen

## Lektion 10

Schrijf de namen van nog minstens tien andere landen op.
Luister indien nodig nog een keer naar het verhaal en schrijf het op.
Gebruik de antwoorden van oefening 4.
Wat betekenen de volgende spreektaal-uitdrukkingen?

Schreibe die Namen von mindestens zehn weiteren Ländern auf.
Höre dir die Geschichte falls nötig noch einmal an und schreibe sie auf.
Verwende die Antworten aus Übung 4.
Was bedeuten die folgenden umgangssprachlichen Ausdrucksweisen?

**Ü**
| | |
|---|---|
| de wereld | die Welt |
| het product | das Produkt, das Erzeugnis |

**1**
| | |
|---|---|
| **de** specerij | **das** Gewürz |
| de/het textiel | die Textilien, die Textilwaren |
| de kruidnagel | die Gewürznelke |
| de peper | der Pfeffer |
| de foelie | die Muskatblüte |
| de salpeter | der Salpeter |
| het goud | das Gold |
| de nootmuskaat | die Muskatnuss |
| het hertenvel | das Hirschfell |
| de/het opium | das Opium |
| **de** koper | **das** Kupfer |
| de zijde | die Seide |
| het tin | das Zinn |
| het zilver | das Silber |
| de/het kaneel | der Zimt |
| het buskruit | das Schießpulver |

**4**
| | |
|---|---|
| **het** koloniale verleden | **die** koloniale Vergangenheit |
| **het** verleden | **die** Vergangenheit |
| van oudsher | von alters her |
| multi-etnisch | multiethnisch |
| de maatschappij | die Gesellschaft |
| in hoeverre | inwieweit |
| de VOC (die Verenigde Oostindische Compagnie) | die Vereinigte Ostindische Handelsgesellschaft |
| 400 jaar geleden | vor vierhundert Jahren |
| oprichten | ein-/errichten; stiften |
| **het** verhaal | **die** Geschichte |
| verantwoordelijk | verantwortlich |
| **de** vakantiebestemming | **das** Urlaubsziel |
| de zeevaarder | der Seefahrer |
| de handel | der Handel |
| WIC (Westindische Compagnie) | Westindische Handelsgesellschaft |
| **et** spoor | **die** Spur |
| achterlaten | hinterlassen |
| bloedig | blutig |
| onafhankelijk | unabhängig |
| de onafhankelijkheid | die Unabhängigkeit |
| tegenwoordig | heutzutage |
| het enige | der/das einzige |
| overzees | überseeisch |
| het koninkrijk | das Königreich |
| behoren (ik behoor) | gehören (ich gehöre) |
| de band | die Beziehung, die Bindung |
| de kolonie | die Kolonie |
| volledig | völlig, vollständig |
| verdwijnen* | verschwinden |
| op ... gebied | auf ... Gebiet |
| diplomatiek | diplomatisch |
| in ... opzicht | in ... Hinsicht |
| economisch | wirtschaftlich |
| nauw | eng |

**6**
| | |
|---|---|
| waarschijnlijk | wahrscheinlich |
| **de** aarzeling | **das** Zögern |
| de stamppot | eine Art Gemüseeintopf |
| liefdevol | liebevoll |
| de hotdog | der Hotdog |
| de loempia | die Frühlingsrolle |
| nasi goreng | gekochter Reis mit Hühnerfleisch |
| kroepoek | indon. Garnelencracker |
| afhalen | abholen |

**7**
| | |
|---|---|
| de spreektaal | die Umgangssprache |
| ingaan* | (hier:) runtergehen |
| ploffen (ik plof) | platzen (ich platze) |
| betoeterd | verrückt |
| snakken naar (ik snak naar) | sich sehnen nach (ich sehne mich nach) |
| een royaal gebaar (het gebaar) | eine großzügige Geste |
| rammelen van de honger | einen Bärenhunger haben |

**8**
| | |
|---|---|
| **het** stripverhaal | **der** Comicstrip |
| Da's (dat is) helemaal wat moois! | Das hat man gern! |
| trakteren (ik trakteer) | spendieren (ich spendiere) |
| uitzoeken* | aussuchen |
| de ananas | die Ananas |
| nasi rames | kleine Reistafel |
| zoet-zuur | süßsauer |
| rekenen | rechnen |
| 'ie (hij) | er |
| verdorie! | Verflixt! |
| uitkomen* met | auskommen mit |
| opkrijgen* | (Umgangssprache) wegkriegen, runterkriegen |
| vies | (hier:) eklig |

**9**
| | |
|---|---|
| de vreemde taal | die Fremdsprache |

**10**
| | |
|---|---|
| het schrijversportret | das Schriftstellerportrait |
| van Indische afkomst | indonesischer Abstammung |

# Wörterverzeichnis nach Lektionen

| | | | |
|---|---|---|---|
| de poëzie | die Poesie | oprecht | aufrecht |
| de lagere school | die Grundschule (veraltet) | de verbazing | das Erstaunen |
| | | de halfbloed | der/die Halbblütige |
| afstuderen (ik studeer af) | das Studium abschließen (ich schließe das Studium ab) | trots | stolz |
| | | een trotse mond | trotzige Antworten geben |
| de psychologe | die Psychologin | ophef‌fen (ik hef op) | aufheben (ich hebe auf) |
| de schrijver | der Schriftsteller | de volbloed | der/die Vollblütige |
| de verhalenbundel | der Erzählband | zich afwenden | sich abwenden |
| het jeugdboek | das Jugendbuch | de schaamte | die Scham |
| het romandebuut | das Romandebüt | de teleurstelling | die Enttäuschung |
| de bestseller | der Bestseller | voortaan | in Zukunft |
| de documentaire | die Dokumentation | ontlopen* (ik ontloop) | aus dem Weg gehen, entkommen (ich entkomme) |
| wekenlang | wochenlang | | |
| uitverkocht | ausverkauft | aangeboren | angeboren |
| de zaal | der Saal | de sympathie | die Sympathie |
| halen | (hier:) erreichen | **Ander**land | |
| het filmhuis | das Kino | de minderheid | die Minderheit |
| IKON | Rundfunk- und Fernsehanstalt | circa | zirka |
| | | de Middellandse Zee | das Mittelmeer |
| uitzenden | ausstrahlen | voormalig | ehemalig |
| opmerken | bemerken | het gebiedsdeel | das Gebiet |
| de literatuur | die Literatur | Suriname | Surinam |
| de minnaar | der Liebhaber | Antillen | Antillen |
| **11** | | de allochtoon | der Ausländer |
| op zoek naar | auf der Suche nach | de geboorteaanwas | der Geburtenanstieg |
| de identiteit | die Identität | de gezinshereniging | die Familienzusammenführung |
| splijten* | spalten | | |
| de persoonlijkheid | die Persönlichkeit | de gezinsvorming | die Familiengründung |
| de fantasie | die Phantasie | de komst | die Ankunft, das Eintreffen |
| verstandig | vernünftig | | |
| koel | kühl | de asielzoeker | der Asylbewerber |
| zich aanpassen | sich anpassen | **het** minderhedenbeleid | **die** Minderheitenpolitik |
| de achtergrond | der Hintergrund | gericht op | ausgerichtet auf |
| zich schamen (ik schaam me) | sich schämen (ich schäme mich) | de inburgering | die Einbürgerung |
| | | de nieuwkomer | der Neuling |
| zoveel mogelijk | soviel wie möglich | **het** inburgeringsbeleid | **die** Einbürgerungspolitik |
| verdoezelen | kaschieren, vertuschen | | |
| impulsief | impulsiv | preventief | präventiv |
| behouden | behalten, erhalten | trachten | versuchen |
| voortdurend | fortwährend | de fase | die Phase |
| een strijd leveren | einen Kampf liefern | **het** integratieproces | **der** Integrationsprozess |
| de strijd | der Kampf | de maatregel | die Maßnahme |
| de plaats | der Ort, der Platz | buitenschools | außerschulisch |
| het fragment | das Fragment | daarnaast | parallel dazu, außerdem |
| zich herinneren | sich erinnern | de acceptatie | die Akzeptanz |
| **de** ontmoeting | **das** Treffen | multicultureel | multikulturell |
| aankijken* | ansehen | de samenleving | die Gesellschaft |
| terechtkomen* | landen, unterkommen | bevorderen | fördern |
| de kerstavond | der Weihnachtsabend | toegankelijk | zugänglich |
| de bewondering | die Bewunderung | **het** beleid | **die** Politik |
| eruit springen* | (hier:) ins Auge stechen, auffallen | aanpakken | an etwas herangehen |
| | | wiens | wessen, dessen |
| ambitieus | ehrgeizig | de autochtoon | der Einheimische |
| observeren (ik observeer) | observieren (ich beobachte) | de justitie | die Justiz |
| het lijkt net | es sieht so aus als ob/wie | | |

# Alphabetisches Wörterverzeichnis

Die erste Zahl (**fett**) gibt die Nummer der Lektion an, die zweite Zahl bzw. Abkürzung den Lernschritt, in dem das Wort in der jeweiligen Bedeutung zum ersten Mal vorkommt.

**A**
aan de beurt zijn **1** Ü
aan het rollen gaan **8** 12
aanbevelen **5** 3
aanbieding **1** 7
aaneengebouwd **2** 1
aangeboren **10** 11
aankijken **10** 11
aanpakken **10**-a
aanpakken **4** 13
aanraden **9** 5
aanstaand **4** 8
aantal **9**-a
aantreffen **4**-a
aantrekkelijk **7**-a
aanwezig **4**-a
aardappel **1** 14
aardappeltaart **5** 3
aardappeltje **5** 1
aardbeienijs **5** 3
aarzeling **10** 6
abonnement **8** 5
abusievelijk **8** 8
acceptatie **10**-a
achterdeur **8** 9
achtergrond **8**-a
achterlaten **10** 4
achteropkomend **8** 8
actief **8** 13
advertentie **8** 11
advies **9** 8
afgeprijsd **6** 4
afhalen **10** 6
afnemen **9**-a
afsluiten **4**-a
afstuderen **10** 10
afzeggen **4** 2
agenda **7** 7
airmiles **1**-a
alarmeren **8** 9
alcohol **9** 8
alhoewel **6** 9
alle kanten op **7**-a
allicht **2**-a
allochtoon **9**-a
als gegoten **6**-a
ambitieus **10** 11
ananas **10** 8
anders **1** 7
ansichtkaart **1** 1
apotheek **9** 3
appartement **7** 4
appel **1** 8
appelmoes **5** 3
arbeidersgezin **1** 16
architect **3**-a
arm **6** 13
artikel **8** 1
asielzoeker **10**-a
aspirine **1** 1
assistente **9** 4
assistentie **8**-a
attent **8** 8
attractiepark **3** 7
autochtoon **10**-a
autodiefstal **8** 12
avondje **4**-a
avondwandeling **3**-a

**B**
badkamer **2** 2
bakken **5** 3
bakker **1** 2
balkon **2** 2
balletdanser **8** 11
band **10** 4
beachvolleyballen **7** 3
begin **9**-a
begrijpen **1**-a
behalve **2** 9
behoren (tot) **9**-a
behoren **10** 4
behouden **10** 11
bekennen **8** 12
bekentenis **8** 12
beker **1** 12
bekeuring **6** 9
bekijken **6** 9
bekleden **5**-a
bekroond **6** 11
belachelijk **4** 13
belegen **1** 7
beleid **10**-a
bellen **4** 3
belletje **4** 7
belonen **4** 12
benieuwd zijn **4** 3
benoemen **8** 14
bepaald **8** 11
bereiken **3** 13
bergen **7** 4
bericht **8** 1
beroemd **1** 16
beschlag **5** 11
bestonden er al **1**-a
bestrooien **5** 11
bestseller **10** 10
betaalbaar **6** 11
betekenen **1**-a
Beterschap! **9** 3
betoeterd **10** 7
bevestigen **7** 10
bevolking **4**-a
bevorderen **10**-a
bevrijdingsdag **4**-a
bewaren **7**-a
bewegen **4** 13
bewolking **3** 13
bewolkt **3** 12
bewonderen **3**-a
bewondering **10** 11
bewoner **3**-a
bezetting **4**-a
biefstuk **1** 17
biefstuk **5** 3
bij ons thuis **2** Ü
bij voorbaat **7** 16
bij voorkeur **5**-a
bijten **2**-a
bijzettafeltje **3** 1
bijzonder **8** 11
binnenkomen **2** 2
binnenkort **8** 14
binnenshuis **3**-a
binnenstad **6** 9
bladeren **8** 5
blij **4** 13
bloedig **10** 4
bloem **5** 11
bloemkool **1** 17
blouse **6** 1
boeiend **8** 5
boeken **7** 6
boekenkast **3** 1
boekenwurm **8** 5
boekwinkel **1** 2
boerderij **2** 1
boerenkaas **1** 7
bolletje **5** 11
bond **1** 17
bonensalade **5** 3
bonuskaart **1**-a
boodschappenlijstje **1** 15
boogschutter **4** 13
boot **2** 1
bootreis **7**-a
bord **5** 2
borreltje **6** 9
borst **6** 13
borstel **7** 7
bos **7** 4
botervloot **1** 17
botsing **8** 8
bovendien **4** 13
bovenlichaam **6** 15
bovenst **3**-a
bovenstaand **6** 8
brandstichting **8** 12
brandweer **8** 8
brengen **3**-a
brie **1** 7
briefkaart **1** 6
broed- en trekvogel **7**-a
broek **6** 1
bruin café **6** 9
bui **3** 13
buik **6** 13
buikpijn **9** 1
buitenkant **3**-a
buitenland **3** 7
buitenlandse geld **7** 7
buitenschools **10**-a
buitenshuis **4**-a
buitenwereld **3**-a
bundeltje **1** 16
bureau **3** 1
bureaustoel **3** 1
buskruit **10** 1
buurtbewoner **8** 9

**C**
cadeautje **4**-a
caissière **1**-a
caravan **7** 4
catalogus **6** 11
centimeter **6** 11
centrum **2** 15
chemicus **8**-a
chic **6** 5
chippen **5** 3
chocolade mousse **5** 3
chocoladeletter **4**-a
chocolademelk **1** 12
christelijk **4**-a
circa **10**-a
citroen **5** 3
clowneske **1** 16
cocaïne **8** 14
colbert **8**-a
collectie **6** 9
commerciële exploitatie **5**-a
competitie **4** 7
computer **3** 1
consument **1**-a
contact-advertentie **8**-a
contant **6** 6
credit card **5** 3
croûtons **5** 3

# Alphabetisches Wörterverzeichnis

**D**
Daag! **1** 8
daaraan meedoen **1**-a
daardoor **9**-a
daarnaast **10**-a
dagblad **8** 5
dagboek **3** 3
dagelijks **8** Ü
dagschotel **5** 3
dak **2** 1
dalen (tot), **9**-a
damp **5** 11
de Eerste Wereldoorlog **5**-a
de lagere school **10** 10
de leren schoenen **6** 1
de magnetron **7** 1
de moeite waard **4**-a
de wasmachine **7** 1
deeg **5** 11
deelgenoot **3**-a
degelijk **5**-a
Deltawerken **3** 4
denderen **8**-a
Denemarken **3** 16
dessert **5** 3
diarree **9** 8
diplomatiek **10** 4
documentaire **10** 10
doel **8** 11
dokter **9** 3
dol zijn op **1**-a
dompelen **5**-a
doorbrengen **7** 16
doorlopend **2** 1
(door) mengen **5** 11
doorsnee **3**-a
doorzoeken **8** 12
dorpsgezicht **7**-a
douche **7** 1
draaien **3** 4
drank **5** 3, **8** 9
3-kamerwoning **2** 1
dringend **9** 4
drogist **1** 2
droog **3** 13
droomhuis **2** 14
drop **1** 12
drukken **8**-a
druppeltjes innemen **9** 8
dubbelgangster **8** 14
duidelijk **4** 13
dumpen **4** 13
durven **3** 10
duurder **2** 13
duurst **6** 4

**E**
echter **9**-a
echtgenoot **10** 10
echtgenote/echtgenoot **8** 14
economie **8** 5
economisch **10** 4
een beetje **4** 13
een bepaald besteed bedrag **1**-a
een blokje omgaan **5** 10
een eeuw geleden **9**-a
een flinke griep **9** 5
een heleboel **8** 11
een kwart **1** 17
een nummertje trekken **1** 6
één op de **9**-a
een royaal gebaar (het gebaar) **10** 7
een spelletje doen **5** 10
een strijd leveren **10** 11
een trotse mond **10** 11
een vijftiental **8** 12
eenmaal **7**-a
eenvoudig **6** 11
eenzaam **8** 5
eerbetoon **4**-a
eerder **5** 3
eerlijk **8** 5
eetlepel **5** 11
eeuw **9**-a
effect **3**-a
eierdooier **5** 11
eiland **7**-a
eind **8** 12
einde **4**-a
eindstation **8**-a
eiwit **1** 19
elegant **6** 4
element **8** 12
energie **6** 9
enige **1** 4, **10** 4
enkele **1** 9
er bovenop komen **4** 13
er flink tegenaan gaan **4** 12
eromheen **2** 1
erop **1** 6
erover **4**-a
eruit springen **10** 11
ervaren **3**-a
erwtensoep **5** 10
espresso **5** 3
etage **2** 1
etalage **4**-a
extraatje **1**-a

**F**
familiewagen **6** 11
fantasie **10** 11
fase **10**-a
fauteuil **3** 1
favoriet **4**-a
feestdag **4**-a
feestelijk **4**-a
feit **4**-a
fietsenverhuurbedrijf **7**-a
fietsschuur **2** 15
filmhuis **10** 10
filmoverzicht **8** 11
filmstar **8** 5
flauwekul **8** 5
fles **5** 3
flink **4** 13
foelie **10** 1
föhn **7** 1
forel **5** 3
fors **8** 11
fototoestel **7** 7
fout **8** 8
fractie **8** 12
fragment **10** 11
friet **3** 4
frietbakker **5**-a
frietkot **3** 4
fris **3** 12
frites **5** 3
frituur **5**-a
frituurpan **5** 11
functioneel **3**-a

**G**
gaan stappen **8**-a
gadeslaan **3**-a
gang **2** 2
garage **2** 3
garnalencocktail **5** 1
garnituur **5** 3
gasfornuis **7** 1
gastronomisch **5**-a
geachte dames en heren **7** 16
gebaar **1** 16
gebeuren **3**-a
gebiedsdeel **10**-a
geboorte **9**-a
geboorteaanwas **10**-a
gebouw **2** 1
gebruiken **5** 11
gecombineerd met **7**-a
gedichtje **4**-a
geesteskind **1** 16
gegarandeerd **6** 11
gehakt **1** 1
gek zijn op **8** 5
gekst **6** 9
geld **4** 13
gelden (voor) **9**-a
gelegenheid **3** 4
gelukkig **4** 12
gemeenschappelijk **2** 1
gemeente **4**-a
genieten van **4** 13
gepast **1** 9
gericht op **10**-a
geval **4** 13
gevoel **3**-a
geweldig **7** 16
gewond **8** 8
gewond raken **8** 11
gewonde **8** 8
gewoonte **5**-a
gezeik **4** 13
gezelschap **3**-a
gezinshereniging **10**-a
gezinsvorming **10**-a
gezond **1** 19
gieren **4** 13
gieten **5** 11
gist **5** 11
gistmelkpapje **5** 11
glas **5** 2
glasgerinkel **8** 9
glijden **5** 11
glimlachen **8**-a
gloednieuw **6** 11
gluren **8**-a
Goede Vrijdag **4**-a
goedkoop **2** 3
golf **8** 12
gordijnen **3**-a
gorgonzolasaus **5** 3
goud **10** 1
Goudse **1** 7
grachtenrondvaart **3** 4
gram **1** 7
gratis **6** 11
graden **3** 12
griep **4** 7
grill **5** 3
grillen **5** 3
groeien **1** 16
groen-idee **6** 11
groente **5** 1
groenteboer **1** 2
groentelepel **1** 20
groepje **5** 8
groetjes en zoentjes **7** 16
grof **1** 17
gymles **4** 3

**H**
haas **5** 3

# Alphabetisches Wörterverzeichnis

haast niet 3 4
hagel 3 14
hagelslag 1 17
halen 10 10
halfbloed 10 11
halfje wit 1 1
hals 6 13
halvarine 1 19
halverwege 9-a
handdoek 7 1
handel 10 4
handig 7 2
hard 1 8
hartelijk 3-a
hartklopping 8-a
haven 3 4
hè 1 8
hé 4 3
headline 6 11
hectisch 7-a
heden 1 16
heerlijk 4-a
heersen 8 8
heester 6 11
heet 5 11
heftig 4 13
helaas 2-a
helder 3 13
helft 9-a
Hemelvaartsdag 4-a
hengelen 7 3
herhalen 6 3
hertenvel 10 1
het lijkt net 10 11
Het spijt me 4 8
het verst verwijderd 7-a
hetzelfde 4 13
hiernaast 1 6
Hij houdt z´n wafel dicht 2-a
hij zou kunnen 4 3
hoekje 4 13
hoest 9 1
hoesten 9 4
hoeveelheid 1 20
hoger 2 4
hoofd 6 13
hoofdgerecht 5 1
hoofdpijn 9 1
hoogslaper 3-a
hooi 4-a
horloge 7 7
hormoon 4 13
horoscoop 4 13
hotdog 10 6
Hou op! (ophouden) 2 4
houten 5 11
HTS-Amsterdam 8-a

huidig 10 4
huidig 4-a
huiswerk 3 3
huren 5 10

## I
ideaal 6 11
identiteit 10 11
iemand bij de lurven vatten 8 12
iemand een poot uitdraaien 4 13
iemand met rust laten 8 5
iemand op sleeptouw nemen 4 13
iemand tegenkomen 4 13
iets 1 7
iets goeds 6 4
iets te pakken hebben 4 13
iets te weten komen 8 5
ijs 5 1
ijzel 3 14
ijzer 1 19
impulsief 10 11
in ... opzicht 10 4
in actie komen 8 11
in beslag nemen 7-a
in de tussentijd 4 3
in de weer zijn 8-a
in elk geval 4 13
in hemelsnaam 3-a
in hoeverre 10 4
in tegenstelling tot 4-a
inbreken 8 11
inburgering 10-a
inburgeringsbeleid 10-a
indienen 9 4
ineens 3 4
ingaan 10 7, 4 13
initiaal 4-a
inluiden 4-a
inmiddels 1 16
inrichting 3-a
inruilen 1-a
insectensteek 9 8
integendeel 3-a
integratieproces 10-a
intrappen 8 9
inzamelen 8 11
inzet 4 13
inzetten 8 8
Italië 3 16

## J
jaarlijks 9-a

Japanner 8 12
jaren zeventig 9-a
jarenlang 4 13
jas 6 3
jeans 6 1
jeansshop 6 4
jeetje 1 6
jeugdboek 10 10
jeugdherberg 3 4
joggen 4 13
juist 4 13
jus d'orange 5 3
justitie 10-a

## K
kaasboer 1 7
kachel 4-a
kalf 5 3
kalfsvlees 5 3
kalk 1 19
kalkoen 1 1
kam 7 7
kamer 3 3
kampeerboerderij 3 7
kamperen 2-a
kanaal 6 9
kaneel 10 1
kans 4 13
kapot 4 13
karaf 5 3
kassa 1-a
kauwgom 1 17
keelpijn 9 1
keertje 8-a
kelder 2 15
kerstavond 10 11
kerstfeest 4-a
Kerstmis 3 15
keukenpapier 5 11
keukenrol 5 11
kiespijn 9 8
kiezen 5 6, 7 5
kijkje 6 11
kilo 1 7
kin 6 13
kinderkamer 2 2
kipsaté 5 3
klacht 9 Ü
klant 6 6
kleding 6 Ü
kledingstuk 6 3
kleffen 4 13
kleine dingetjes (dingetje) 1-a
kleingeld 1 8
kleintjes 1 8
kleren 2 2
klerenkast 2 14

kletsen 4 2
klimatologisch 8 12
klok 7 1
knapperig 5-a
knie 6 13
knutselen 2 2
koel 3 12
koelkast 4 3
koffer 2 4
koffieshop 3 4
koffiezetapparaat 7 1
koloniaal verleden 10 4
kolonie 10 4
kom 5 2
komend 4 8
komkommer 1 1
komst 10-a
konijnpaté 5 3
koninkrijk 10 4
kookpannen 7 1
koorts 9 1
koper 10 1
kopiëren 5-a
korting 1-a
kosten 4 13
kraampje 5-a
kraan 5 11
krantenkop 8 14
kreeft 4 13, 5 3
krent 5 11
kristalzegel 1-a
kroepoek 10 6
kroning 4-a
krop 1 17
kruidnagel 10 1
krullen 8-a
kwaliteit 6 4
kwart 1 17

## L
laag 5 11
lach 8-a
lam 5 3
lamp 3 1
langskomen 9 4
languit 8 11
last (hebben) van 4 13
lauw 5 11
lawaaierig 2 3
leeftijd 9-a
leesmoede 8 5
leeuw 4 13
leiden 3-a
lenteachtig 3 13
lepel 5 2
leren jas 6 1
levensmiddel 1 14
lichaam 6 13

# Alphabetisches Wörterverzeichnis

lichaamsdeel 6 13
licht 2 3
lichtloper 7-a
lid/de leden 8 8
liefdesverhaal 6 11
liefdevol 10 6
lijken 5 3
lipstick 1 1
literatuur 10 10
literpak 1 12
loempia 10 6
logeerkamer 2 2
logeren 3 9
loket 1 6
lokettist(e) 1 5
lol 4 13
luisteren 7 14
lunchroom 3-a
lusten 5 3
luxe 7 4

**M**
maagd 4 13
maat 6 6
maatje 4 13
maatregel 10-a
maatschappij 10 4
macaroni 1 19
maggieblokje 1 17
makkelijke stoel 3 1
malle kleren 2-a
maltbier 5 3
manier 8 11
margarine 1 19
matig 3 13
MAVO 3 4
medewerker 7 6
medewerkster 7 6
medicijn 7 7
mee-eten (ik eet mee) 2 4
meegenieten 6 11
meenemen 4 2
meerderjarige 8 1
melkproduct 1 19
mengen 5 3
mening 3-a
mes 5 2
met een flinke slok op thuis komen 8 9
met vriendelijke groet 7 16
met z'n beien 2-a
met z'n tweetjes 4 13
met z'n drieën/vieren 3 3
metershoog 8 12
meubels 3 Ü
meubelzaak 4-a
middag 3 13

Middellandse Zee 10-a
minder 2 13
minderhedenbeleid 10-a
minderheid 10-a
minderjarige 8 12
mineraal 1 19
minnaar 10 10
misdadiger 8 14
missen 3-a
misser 4 123
mist 3 12
mistbank 3 13
mistig 3 12
mixed 5 3
mobiele telefoon 7 7
mobieltje 7 7
modderstroom 8 12
mode 6 11
mokken 4 13
molentje 5 3
moment 4-a
mond 6 13
mooier 2 13
morgen 2 4
mosterd 1 12
mosterdsaus 5 3
motregen 3 13
multicultureel 10-a
multi-etnisch 10 4
museumbezoek 6 9
museumboot 6 9
muts opzetten 3 9
muziekpedagogie 1 16
muziektheatervoorstelling 1 16
muzikaal 1 16

**N**
na die tijd 1-a
naar verhouding 9-a
nachtkastje 3 3
nachtleven 8-a
Nachtwacht 6 9
nachvlinder 1 16
nadat 8 12
nagerecht 5 1
nasi goreng 10 6
nasi rames 10 8
nationaal 4-a
natmaken 5 11
natuurramp 8 11
nauw 10 4
nazitten 4 1
nee hoor 1 7
nest 8 11
net afgestudeerd 8-a
neus 6 13
nevel 3 13

niemand 2 9
niet nodig 7 2
niet-alledaags 4 Ü
nieuwkomer 10-a
nieuws 8 Ü
nieuwsgierigheid 3-a
nieuwst 1-a
nochtans 5-a
nodig hebben 6 4
noem maar op 8 5
noemen 6 3
nomineren 8 14
noodzakelijk 1 19
noorden 3 4
Noordzee 8 12
Noors 5 3
nootmuskaat 10 1
Nou, vooruit dan maar. 1 6

**O**
observeren 10 11
ochtend 3 4
oefenen 4 2
oever 5-a
officieel 4-a
olie en azijn 5 2
oliebol 5 11
omdraaien 5 11
omgeving 4 12
onafhankelijk 7 4, 10 4
onafhankelijkheid 10 4
ondanks 6 11
onder meer 1 16
onderlichaam 6 15
ondernemer 5-a
onderweg 4 13
onderzoeken 9 3
ongelofelijk 3 4
ongezellig 2 3
onlangs 8 12
onmisbaar 1 19
ontdekken 8 14
ontdekkingsreis 7-a
ontlopen 10 11
ontmoeting 10 11
onweer 3 14
onzeker 5-a
ooit 6 11
oor 6 13
oorlog 1-a
oorpijn 9 1
oorsprong 5-a
oorspronkelijk 8 12
oorzaak 4 13
oostelijk 3 14
oosten 3 4
op ... gebied 10 4

op de hoogte blijven 8 11
op de hoogte zijn van iets 8 5
op het platteland 3 3
op maat 5 3
op zoek naar 10 11
opdoen 6 11
opdrachtgever 3-a
open 4-a
open haard 2 15
openheid 3-a
opening 5-a
openzetten 5 10
ophangen 2 2
opheffen 10 11
opium 10 1
opklaren 3 13
opkrijgen 10 8
opmerken 10 10
opnieuw 3 13
oppakken 8 12
oprecht 10 11
oprichten 10 1
oprijden 8 8
opschieten 4 2
optocht 4-a
opvallen 3-a
opvang 8 11
opvangen 8-a
organiseren 4-a
orkestbak 8 11
ouder 2 13
ouders 4 6
oudheid 6 11
over twee weken 2 4
overal 3 13
overblijven 3-a
overbodig 6 9
overbuurvrouw 8-a
overgaan tot 8 12
overhemd 6 1
overigens 6 9
overlijden 8 12
overnachten 4 2
overnachtingsmogelijkheden 7 16
overstappen 7 10
overstromen 8 12
overstroming 3 4
overzees 10 4

**P**
paard 4-a
paard rijden 2 8
Paasdag 4-a
pakje 1 6
pakken 2 4

115  honderd vijftien

# Alphabetisches Wörterverzeichnis

papierfabriek 8 12
parachutespringen 7 3
parkeren 6 11
pasgeboren 9-a
paskamer 6 6
paspoort 7 7
passen 6 6
passief 8 13
passieve vorm 8 12
pasta 5 3
patent 5-a
patriciërshuis 6 9
pc-blaadje 8 5
pech 4 13
peer 1 1
pension 7 4
peper 5 2
periode 9-a
persen 5 3
persoonlijkheid 10 11
perzik 1 1
pet 6 1
peulvrucht 1 19
piano 2 10
piepklein 3-a
Pinksteren 4-a
pinnen 5 3
pinpas 7 7
pittig 1 7
pittoresk 3-a
pizza bakken 2 4
pizzalijn 5 10
plaats 10 11
plaatselijk 3 13
plaatsen 3 5
plaatsvinden 8 11
plagen 3 9
plak 1 20
plan 2 4
plannen 7 16
plant 6 11
plas 2-a
platteland 2 1
plek 5 11
ploffen 10 7
poedersuiker 5 11
poetsen 9 8
poëzie 10 10
politiek 8 5
pond(je) 1 7
poot 4 13
portret 8 12
pot 1 12
prachtig 3 4
pretpark 3 7
preventief 10-a
pre-worn 6-a
prijskaartje 6 4

prijzig 6 5
prinses 4-a
probleem 4 13
product 5-a
productie 6 11
proeven 1 7
programma 3 4
prompt 8-a
psychologe 10 10
publiceren 1 16

## Q
qua 4 13

## R
raam 3-a
radijs 1 17
rage 1-a
ram 4 13
rammelen van de honger 10 7
Randstad polytechniek 8-a
reactie 5 9
reageren 6 11
realiseren 8 8
recept 5 11, 9 3
reclame 4-a
recordbedrag 8 12
reddingsdienst 8 8
reden 3-a
reep 1 17
regelen 7 4
regen 3 14
regenachtig 3 12
regenen 3-a
regenval 8 12
regie 6 11
reisgids 7 7
reisziekte 9 8
rekenen 3 9
rekening 9 4
rekening houden met iets 4-a
relatief 9-a
rennen 3 9
reportage 8 5
reserveren 7 10
reservering 7 10
retour 7 10
retourtje 1-a
richting 8 8
rij 3 4
rijp 1 8
rijst 5 1
rijtjeshuis 2 1
rijzen 5 11
rit 8-a

roeien 2-a
roerbakken 5 3
roeren 5 11
roerendst 6 11
roman 8 5
romandebuut 10 10
rommel 4 2
rommelmarkt 4-a
rondneuzen 3 4
rondreis 3 4
room 5 3
roomboterkoekje 1 9
roomsaus 5 3
rosé 5 3
route 3 5
rozemarijn 5 3
rozijnen 5 11
ruim 9-a
ruimst 6 11
ruimte 3-a
rumoer 8-a
rund 5 3
rusten 5 11
rustig 2 3
rustpunt 7-a
ruzie 4 13
ruzie hebben 4 13

## S
's winters 6 2
saai 8 5
salade 5 1
salpeter 10 1
samenleving 10-a
saté 5 3
sauna 2 15
scampi 5 3
scenario 1 16
schaamte 10 11
schade 8 12
schaken 3 9
scheppen 5 11
schieten 8 5
schilderen 2 4
schilderij 6 9
schnitzel 5 3
schoen 4-a
schooldag 4 13
schooljaar 4 13
schoolreis 2 4
schorpioen 4 13
schrijver 10 10
schrijversportret 10 10
schuimspaan 5 11
schuld 4 13
schuur 2 1
scooter 2-a
secondhand-designshop 6-a

servet 5 2
service 8 11
sfeer 7 16
sfeervol 6 11
sindsdien 1 16
Sinterklaasfeest 4-a
Sinterklaastijd 4-a
sjaal 6 1
sla 5 3
slaapkamer 2 2
slaapzaal 3 4
slager 1 2
slagroom 1 17
slapeloosheid 9 8
sleutel 8 9
slikken 9 8
sluizencompex 3 4
smaak 6 4
smal 3 4
smelten 5 11
snacken 4 13
snakken naar 10 7
snappen 8 5
sneetje 1 20
sneeuw 3 14
snijboon 1 8
snoep 4 2
snoepen 9 8
snuffelen 8 5
soldaat 5-a
soloprogramma 1 16
sommige 1 4
spaarpunt 1-a
spaarzegel 1-a
sparen 1-a
specerij 10 1
speelfim 1 16
speelgoed 4-a
spierpijn 9 1
spijkerbroek 6 1
spijkerjack 8-a
spijten 4 8
splijten 10 11
spoor 10 4
sportdeel 8 5
sportschoenen 6 1
spreektaal 10 7
spreekuur 9 4
sprookje 1 16
stal 2 1
stamppot 10 6
standaardtype 6 11
stapelgek 4 13
stappelbedden 3 8
steelpannetje 5 11
steenbok 4 13
steevast 1-a

# Alphabetisches Wörterverzeichnis

steil 3-a
steken 4 13
stereoinstallatie 3 1
stevig 3 13
stier 4 13
stokbord 1 11
stom 8-a
stoomboot 4-a
stoppen 4-a
stoptrein 8-a
storen 3-a
storm 3 14
stormachtig 3 12
stormen 3 12
storten 8-a
straatfeest 4-a
straatkinderen 8 11
strafwerk hebben 4 2
streek 5-a
strijd 10 11
strijkijzer 7 1
strip 8 11
stripfestival 3 4
strippenkaart 1 1
stripverhaal 10 8
studentenkamer 3-a
studerend 8-a
studie 4 13
stuk 1 7
sturen 7 16
suikerbeest 4-a
superlatief 6 10
superweek 4 13
supporter 8-a
Suriname 10–a
surprise 4-a
symbool 5-a
sympathie 10 11
sympathiek 3-a

**T**
taai 5 3
taal 1 16
taart 1 1
tabel 1 19
tahoe 1 19
talloos 3-a
tand 9 8
tandarts 8 5
tandenborstel 7 7
tandpasta 1 1
tanken 1-a
tax-free 6 11
teen 6 13
tegelijk 5 11
tegenwoordig 10 4
teisteren 8 12
tekening 6 9

telefoongesprek 2 6
telefoongids 7 1
telefoonkaart 1 1
teleurstelling 10 11
tellen 6 9
tempé 1 20
temperatuur 3 13
tenminste 1 19
tent 7 4
ter wereld 8 12
terechtkomen 10 11
term 5-a
terras 2 15
terrasje 3-a
teruggevonden 8 12
test 1 20
textiel 10 1
theaterdebut 1 16
theedoek 5 11
thema 3-a
theorie 3-a
tiener 1 20
tienermoeder 9-a
tiental 1 16
tientje 7-a
tijdschrift 1 1
tijdstip 2 5
timmeren 2 10
tin 10 1
tip 5 10
titelsong 6 11
toast 5 3
toegankelijk 10-a
toekennen 5-a
toelichten 8 11
Toen was het zo
 gezellig. 3 Ü
toenemen 9-a
toeristenseizoen 4-a
toeschrijven 8 12
toeslag 7 10
toetje 5 3
toilet 2 2
toilettas 7 7
tomatensap 5 3
tong 1 17
tonijn 1 12
tot het besef komen 8 9
trachten 10-a
traditioneel 4-a
trainen 4 3
trakteren 10 8
trap 3-a
treffen 8 12
treinbestuurder 8 8
treindeur 8-a
treinkaartje 7 7
treinongeluk 8 8

trots 10 11
trouwens 6 4
trui 5 9
t-shirt
tube 1 12
tuin 2 1
tuinbeurs 6 11
tuindecoratie 6 11
tv-journaal 8 1
tweeling 4 13
twee-onder-één-kap 2 1
twee-persoonskamer 7 11

**U**
uitbaten 5-a
uitbreiden 8 11
uitbundig 8 14
uitgebreid 8 11
uitgepraat (uitpraten) 8-a
uitgeven 1 16
uitkijken naar iets 4-a
uitkomen met 10 8
uitlekken laten 5 11
uitnodigen 4 1
uitnodiging 2 4
uitrusten 4 2
uitstapje 7 16
uitstappen 8-a
uitvallen 4 3
uitverkocht 10 10
uitvinding 5-a
uitvoering 6 11
uitwringen 5 11
uitzenden 10 10
uitzoeken 10 8
uitzondering 9-a
vaatwasmachine 7 1
vakantiebestemming 10 4

**V**
vakantiehuis 3 7
vakantiehuisje 7 Ü
vakantietype 7 4
vallen 3 13
van Indische afkomst
 10 10
van oudsher 10 4
van tevoren 6 8
vandaar 5-a
vanochtend 3 13
vanuit 3 13
varkenshaas 5 3
vast wel 4 3
vastgrijpen 8-a
vastleggen 4 2
veelbesproken 6 11
veerboot 7-a
vegetarisch 5 3

veilen 8 12
veilinghuis 8 12
Venetië 6 9
Verandering van spijs
 doet eten. 4 13
verantwoordelijk 10 4
verbaasd 4-a
verbazing 10 11
verdieping 2 1
verdoezelen 10 11
verdorie! 10 8
verdwijnen 10 4
verhaal 10 4
verhalenbundel 10 10
verhitten 5 11
verhuizen 2 3
verklaren 4-a
verkleed 8 9
verkouden 9 Ü
verkoudheid 9 1
verkrijgen 5-a
verleden 10 4
verleiding 3-a
verliezen 4 13
vermoedelijk 8 14
verpakken 4-a
vers 1 16
verschijnen 1 16
verschuiven 8 12
verslaggever 8 1
verstandhouding 3-a
verstandig 10 11
versterken 3-a
vertalen 1 16
vertelling 1 16
vervolgens 3 4
verwachten 3 14
verwarring 5-a
vetkwab 4 13
vette kop 8 1
via 10 1
video 5 10
400 jaar geleden 10 1
vieren 4-a
vies 10 8
vinger 6 13
viool 1 16
vis 5 1
visite 2 8
vissen 4 13
vistaart 5 3
vitamine 1 19
vla 1 12
Vlaanderen 3 4
vlees 5 3
vleeswaren 1 1
vliegeren 7 3
vliegreis 1-a

# Alphabetisches Wörterverzeichnis

vliegtuigongeluk 8 11
vliegveld 7 14
vloerkleed 3 1
voedingsmiddel 1 19
voedingsvezel 1 19
voertuig 8 12
voet 6 13
voetbalwedstrijd 8 5
vogelreservaat 3 4
volbloed 10 11
volhouden 4 13
volledig 10 4
volwaardig 5-a
volwassene 4-a
vonken 8-a
voor een habbekrats 6 9
vooral 9-a
voorbereiden 4 3
voorbij 4-a
voordeel 7-a
voordeeltje 1-a
voordelig 6 5
voordeur 6 9
voorgerecht 5 1
voorlopig 4-a
voormalig 10-a
voornaam 6 9
voornamelijk 3-a
voorpagina 8 1
voorstelling 1 16
voortaan 1 20
voorzitter 8 14
vork 5 2
vormen 8 11
vortdurend 10 11
vreemde taal 10 9
vrije tid 3 7
vrijstaand 2 1
vrijwillig 8 12
vroeger 3 3
vrucht 1 20
vruchtensalade 5 1
vruchtensaus 5 3
vuur 5 11
vuurtoren 7 16
vuurwerk 4-a

**W**

waaien 3-a
waarbij 8 12
waarde 4 13
waardeloos 4 13
waarmee 1-a
waarschijnlijk 10 6
waarvoor 2 4
wad 7-a
waddeneiland 7 3
walgelijk 4 13

wandelen 7 3
wandeling 3-a
wasmiddel 1 3
waspoeder 1-a
wassen 3 9
Wat ben je van plan? 2 4
wat dacht u van ...? 6 9
wat dat betreft 8 5
Wat tof! 6-a
wat vervelend 4 3
waterman 4 13
watertaxi 6 9
WC 2 2
weegschaal 4 13
weerbericht 3 13
weerpatroon 8 12
weerstaan 3-a
weg 8 12
wegen 1 7
weglaten 8 14
weinig 1 9
wekenlang 10 10
wel eens 1-a
wennen 3 4
wereld 8 11
wereldwijd 5-a
werk 4 13
werkkamer 2 2
westelijk 3 13
westen 3 13
Wie stapten uit? 3 4
wiens 10-a
wijk 6 9
wijn 5 1
wijnkaart 5 3
wind 3 13
winderig 3 12
windsurfen 7 3
winkelen 7 14
winkelier 1 15
winkelstraat 6 9
wissel 8 8
witbier 5 3
wolk 3 12
wond 9 1
woning 2 Ü
woonboot 2 1
woonkamer 2 2
woordenboek 7 7
wortel 1 1

**Z**

zaal 10 10
zagen 2 10
zak 4-a, 6 4
zakje 1 12
zaktelefoon 7 7
zalm 5 3

zang 1 16
zee 7 4
zeehonden 7 3
zeer 9 4
zeevaarder 10 4
zegel 1-a
zegelactie 1-a
zeiltocht 3 4
zelfs 8 5
zestigtal 1 16
zetmeel 1 19
zeuren 4 3
zich (niet) lekker voelen 9 6
zich aanpassen 10 11
zich afvragen 1-a
zich afwenden 10 11
zich herinneren 10 11
zich opvreten 2-a
zich schamen 10 11
zich vervelen 5 10
ziekenfonds 9 4
zijde 10 1
zilver 10 1
zingen 2 10
zitten 4-a
zitten 7 14
zoet-zuur 10 8
zolder 2 15
zon 3 12
zonnebril 7 7
zonnecrème 7 7
zonnen 7-a
zonnig 3 12
zout 5 2
zoveel mogelijk 10 11
zowel ... als 8 12
zuiden 3 4
zuiderburen 5-a
zuidoosten 3 13
zwaar 8 8
Zwarte Piet 4-a
zwembroek 4 2
zwempak 7 7
zwijgend 2-a

# Quellenverzeichnis

Seite 12: Foto: © Peter Thomsen/mit freundlicher Genehmigung von Herman van Veen; "Bestellied": © Universal Music Publishing GmbH, Berlin
13: Voorlichtingsbureau voor de Voeding, Den Haag
14: Abbildungen (unten): Albert Heijn, Zaandam
17: IKEA Einrichtungs-GmbH Süd, Eching; rechts: Duravit AG; Horneberg
22: "Vaders": von Annie M. G. Schmidt aus Tot hiertoe, Querido1986
25: © MHV-Archiv (Dieter Reichler)
26: Foto links unten: © Michel Mes
28: Foto (rechts): © Stayokay Amsterdam Vondelpark
39: Break Out! August 2001
43: Foto: © Dinant Kremer, Aalten
47: Rezept und Illustration: Groot Kinderkookboek von Jan de Graaff, Uitgeverij Verba, Soest
48: Text: www.belgium.be
49: Illustration: siehe Seite 47
51: Foto (oben): HIJ Mannenmode B.V.
52: © PotoDisc
53: © Jack Carnell
54: unten: Museumboot, Amsterdam
57: Foto: HIJ Mannenmode B.V.
58: "Jan, Jans & de kinderen" von Jan Kruis, © Sanoma Uitgevers
61: VVV Waddeneilanden
62: oben: VVV Waddeneilanden
64: Foto links: © MHV-Archiv (Siegfried Kuttig); Foto rechts: NS, Utrecht
65: NS, Utrecht
68: Karte: VVV Waddeneilanden; Fotos: VVV Texel
72: Fotos: © THW; Text: Quelle: www.thw.de
73: Text: Krant in de Klas
74: alle Artikel: NRC Handelsblad, Rotterdam; Foto: Vincent van Gogh, Bildnis des Dr. Paul Gachet, 1890 © Artothek, Weilheim
76: NS, Utrecht
81: Postkarte: © BOA
82: Foto: irisblende.de 2004; Text und Statistiken: © Statistics Netherland (www.cbs.nl)
85: Hörverständnistext: mit freundlicher Genehmigung des Instituts für Germanistik und Nederlandistik, www.ned.univie.ac.at
87: "Jan, Jans & de kinderen" von Jan Kruis, © Sanoma Uitgevers
88/89: mit freundlicher Genehmigung von Marion Bloem (Foto: © Ivan Wolffers)
90: Fotos: links © dpa-Bildarchiv/picture alliance; Mitte: dpa-Sportreport/picture alliance; rechts: Imago/United Archives International

Seite 7, 8, 16 (1x), 86 Fotos: Jan Balsma, Amersfort
Seite 14, 16 (2x), 18, 26 (oben), 28 (links), 35, 36, 42, 48, 50, 51, 63, 66, 71, 73, 81 Fotos: Angelika van der Kooi, Bad Bentheim
Seite 16 (3x), 32, 40, 54 (oben), 55, 62 (unten) Fotos: Niederländisches Büro für Tourismus, Köln

Briefmarken: TPG Post, Gravenhage; De Post Filatelie, Brüssel

Karte Umschlaginnenseite: © Intermap b.v., Enschede